ESTRATTO

DELLA

Rivista Musicale Italiana

FRATELLI BOCCA EDITORI

TORINO

MILANO — ROMA

Libreria Editrice FRATELLI BOCCA — Torino

Rivista Musicale Italiana

Condizioni d'Associazione:

La *Rivista* si pubblica in fascicoli trimestrali di 150 pagine circa.
Prezzo del fascicolo separato Lire 4,50.
Abbonamento annuo per l'Italia L. 12. — Per l'Unione L. 14.

Sommarii delle sette annate 1894-1900:

Volume I. — 1894

MEMORIE:

Ai lettori - La Direzione. — **L. Torchi.** L'accompagnamento degl'istrumenti nei Melodrammi italiani della prima metà del Seicento. — **A. Ernst.** Le motif de l'*Épée* dans "la Walkyrie„. — **O. Chilesotti.** Di Hans Newsidler e di un'antica intavolatura tedesca di Liuto. — **G. Tebaldini.** Giovanni Pierluigi da Palestrina. — **E. de Schoultz Adalewsky.** La Berceuse Populaire. — **F. X. Haberl** - **G. Lisio.** Una Stanza del Petrarca musicata dal Du Fay. — **G. Lisio.** Musica e Poesia (osservazioni alla Stanza del Petrarca). — **N. d'Arienzo.** Salvator Rosa musicista e lo stile monodico da camera. — **J. de Crozals.** Essai de notation musicale des odes d'Horace. — **O. Chilesotti.** Una canzone celebre nel cinquecento. — **A. Jullien.** Hector Berlioz. — **L. Torchi.** Canzoni ed arie italiane ad una voce nel secolo XVII. — **A. Ernst.** Le motif du *Héros* dans l'œuvre de R. Wagner. — **A. Sandberger.** Orlando di Lasso.

ARTE CONTEMPORANEA:

A. Jullien. A propos de la mort de Charles Gounod. — **G. Tebaldini.** Gounod autore di Musica Sacra. — **R. Giani · A. Engelfred.** "I Medici „ di R. Leoncavallo. — **C. Lombroso.** Le più recenti inchieste scientifiche su i suoni e la musica. — **G. Jachino.** Wagner è degenerato? — **L. Torchi.** Carlo Pedrotti. — **R. Giani.** Note sulla Poesia per musica. — **G. P. Chironi.** L'opera musicale e la legge sui diritti di autore. — **A. Ernst.** Thaïs de J. Massenet. — **M. Kufferath.** Hans Guido von Bulow. — **J. Courtier.** Questionnaire sur la mémoire musicale. — **M. Pilo.** La musica nella classificazione delle arti. — **A. Engelfred.** Hänsel e Gretel. — **F. Draeseke.** Riccardo Wagner poeta drammatico. — **C. Lombroso.** La sordità fra i musicisti. - Sugli effetti psichici della musica. **M. Griveau.** Le sens et l'expression de la musique pure. — LA DIREZIONE. Il teatro lirico internazionale (con 4 tavole e parecchie incisioni nel testo).

Volume II. — 1895

MEMORIE:

A. Restori. Per la storia musicale dei trovatori provenzali. — **G. C. Hirt.** Autografi di G. Rossini. — **L. Pistorelli.** I melodrammi giocosi del Casti. — **S. Jadassohn.** L'art de la fugue de J. S. Bach. — **I. A. Fuller-Maitland.** Henry Purcell. — **J. Combarieu.** Le Charlatanisme dans l'Archéologie musicale au XIX° siècle et le problème de l'origine des neumes. — **G. Roberti.** Donizettiana. — **A. Pougin.** Jean-Jacques Rousseau musicien. — **L. Torri.** Una lettera inedita del Padre Giambattista Martini. — **L. Torchi.** R. Schumann e le sue " Scene tratte dal *Faust* di Goethe „. — **E. de Schoultz Adalewsky.** La Berceuse Populaire. — **Mathis Lussy de Stans.** Du rythme dans l'hymnographie latine. — **N. D'Arienzo.** Origini dell'Opera comica. — **L. Torchi.** L'accompagnamento degli Istrumenti nei melodrammi italiani della prima metà del Seicento.

ARTE CONTEMPORANEA:

R. Giani. *Savitri*, Idillio drammatico indiano in tre atti, di N. Canti, versi di L. A. Villanis. — La poesia. — **L. Torchi.** Id. id. — La musica. — **F. Draeseke.** Anton Rubinstein. — **L. Torchi.** *Guglielmo Ratcliff* di P. Mascagni. — **A. Engelfred.** *Hulda* di C. Franck. — **E. Hanslick.** Billroth. — **C. Sincero.** L'organo e la religione. — **W. Mauke.** Il primo dramma importante della scuola di Wagner. — **A. Ernst.** *Tannhæuser* à Paris. — **M. Pilo.** La prosa e la poesia della musica. — **W. Mauke.** Il primo ciclo delle rappresentazioni wagneriane a Monaco. — **C. Levi.** La geotopografia e la canzone popolare.

Inoltre ogni volume contiene:

Recensioni. - Note Bibliografiche. - Spoglio dei Periodici. - Notizie. - Elenco dei Libri. Elenco della Musica.

Extrait de la *Rivista Musicale Italiana*, tome XIV, fasc. 4°, 1907.

Essai
sur les origines de la musique descriptive.

La prépondérance accordée par un grand nombre de compositeurs, et principalement, depuis 1850, par les héritiers de Berlioz et de Liszt, à l'élément littéraire sur l'élément musical, dans les œuvres mêmes qui ne font point appel au concours direct des paroles, a suscité de multiples discussions sur le pouvoir expressif et descriptif de l'art des sons, sur la « peinture musicale », et sur les limites de la poésie et de la musique. Il n'est pas toujours arrivé que les dissertations les plus volumineuses ou les plus affirmatives dans un sens ou dans l'autre fussent appuyées sur les recherches historiques qui sembleraient devoir être regardées en pareille matière comme l'unique point de départ possible et raisonnable. En général, on a vu sur ce sujet la plupart des esthéticiens se guider sur des doctrines philosophiques établies *a priori*, et dont ils se contentaient de montrer la négation ou la confirmation dans quelques œuvres classiques (1), sans beaucoup s'inquiéter de savoir si ces

---

(1) C'est ainsi qu'ont procédé les écrivains de l'école philosophique, depuis Victor Cousin, dans son célèbre livre *Du vrai, du beau, du bien*, jusqu'à M. Edmond Goblot, dans son article: *La Musique descriptive*, de la " Revue philosophique „, 26ᵉ année, 1901, p. 58 et suiv.

M. Brenet. 1

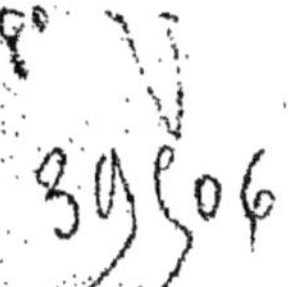

œuvres se rattachaient à d'autres par une filiation suivie, et si le faisceau d'idées et de procédés artistiques par où elles se ressemblaient ne formait point une sorte de langage traditionnel, lentement constitué par plusieurs générations de musiciens.

Les écrivains mêmes qui, en présence des progrès et de la vogue du « poème symphonique », ont, depuis quelques années, abordé le problème de la musique descriptive par son côté historique, n'ont guère encore essayé de remonter aux origines. M. Wilhelm Tappert, dans le chapitre de ses « études musicales » intitulé « Zooplastique en musique » (1), où il a rassemblé les notations du chant, du cri ou de l'allure des animaux chez un grand nombre de compositeurs, n'a presque pas cité d'exemples du XVI⁰ siècle. M. Jules Carlez et M. Adolphe Jullien ont commencé à Lully leurs articles sur « les musiciens paysagistes » et sur « la musique pittoresque » (2). On ne peut mentionner que pour mémoire le petit livre de Johannès Weber (3). M. R. Hohenemser, en examinant théoriquement la possibilité de la description dans la musique à programme, s'est abstenu d'en retracer l'historique (4). M. Wœlfflin, qui a divisé son travail par matières, en s'occupant successivement des tradutions musicales de l'orage, du chant des oiseaux et du bruit des cloches, n'est pas remonté au-delà de l'époque classique (5). De même, M. M. Griveau, au sujet de l'interprétation de l'orage (6). M. Max Vancsa a pris dans la musique instrumentale du XVII⁰ siècle le point de départ de ses articles sur l'histoire de la musique à programme (7), en se

(1) W. Tappert, *Musikalische Studien.* Berlin, 1868, in-8°.

(2) J. Carlez, *Les Musiciens paysagistes,* dans les " Mémoires de l'Académie de Caen ", année 1870, p. 216 et suiv. — Ad. Jullien, *Airs variés.* Paris, 1877, in-12°, p. 137 et suiv.

(3) J. Weber, *Les Illusions musicales.* Paris, 1883, in-12°; 2° édit., 1900, in-12°.

(4) R. Hohenemser, *Uber die Programmmusik,* dans les " Sammelbände der Internationalen Musikgesellschaft ", tome I, 1899-1900, p. 307 et suiv.

(5) E. von Woelfflin, *Zur Geschichte der Tonmalerei,* dans les " Sitzungsberichte der philos. philol. histor. Klasse der Kgl. Akademie der Wissenschaften zu München ", années 1897 et 1898.

(6) Maurice Griveau, *L'interprétation artistique de l'orage,* dans la " Rivista musicale italiana ", vol. III, année 1896, p. 684 et suiv.

(7) Dr Max Vancsa, *Geschichte der Programmmusik,* dans la revue " Die Musik ", 2° année, 1902-1903, t. IV, p. 323 et suiv., 403 et suiv.

bornant à une courte énumération de quelques œuvres précédentes (1).
M. Wilhelm Klatte, en reprenant le même sujet, n'a guère traité
moins brièvement l'époque de la Renaissance (2). M. Karl Nef, bien
informé des œuvres du XVIe siècle, s'est limité au domaine spécial
des descriptions musicales de batailles (3), dont s'est occupée récemment Mme Elsa Bienenfeld (4).

Mr Frederick Niecks, dans le gros livre qu'il vient de consacrer
à la musique à programme, n'a cru devoir accorder que six pages
aux œuvres anciennes (5).

Les mêmes questions ont été souvent touchées relativement à des
maîtres ou à des ouvrages déterminés: mais l'histoire des origines de
la musique descriptive reste encore à écrire.

Le travail que nous présentons au lecteur n'a pas, certes, la pré-
tention de combler une telle lacune, et de dire d'un seul coup le
dernier mot sur un ordre de faits que la philosophie n'est pas près
d'expliquer, non plus que l'érudition n'est assurée d'en pouvoir
jamais éclairer toutes les obscurités historiques. Pour au moins
éviter quelques-unes de celles qui résultent d'un malentendu, il n'est
meilleur moyen que de s'entendre au préalable sur une « bonne dé-
finition ». Nous prions donc le lecteur de n'attendre de nous rien qui
concerne la musique *expressive*, la peinture musicale, ou *Tonmalerei*
des esthéticiens allemands, mise au service de l'expression des émo-
tions. Nous nous occuperons exclusivement de la musique *imitative*

---

(1) Le Dr Vancsa a eu la main malheureuse en rangeant les *Motetti del
frutto* et les *Motetti del fiore* parmi les œuvres de musique descriptive, et
en les attribuant à Nicolas Gombert, tandis que ces célèbres recueils, très
rares, il est vrai, mais souvent décrits, sont des collections de morceaux
religieux de différents compositeurs.

(2) W. KLATTE, *Zur Geschichte der Programmmusik*. Berlin. s. d. (1905),
in-12° (VII. Bd. de la collection " Die Musik „, hrsg. von Richard Strauss).

(3) KARL NEF, *Schlachtendarstellungen in den Musik*, dans " Die Grenzboten „
année 1904, t. III, p. 280 et suiv.

(4) ELSA BIENENFELD, *Uber ein bestimmtes Problem der Programmmusik*,
dans le " Bulletin mensuel de la Société internationale de musique „,
8° année, 1906-1907, p. 163 et suiv. — On voudra bien nous permettre de
dire que nous avons autrefois fait paraître un petit essai sur *Les Batailles
en musique*, dans " le Guide Musical „ des 23 février, 1 et 8 mars 1888.

(5) F. NIECKS, *Programme music in the last four centuries*. London, s. d.
(1907), in-8°.

ou *descriptive*, dans laquelle le compositeur s'inspire des bruits extérieurs, ou s'efforce de suggérer à l'auditeur, par des sons, des images visuelles, et de représenter des objets ou des actes réels, plutôt que de traduire l'impression produite par ces objets ou ces actes sur l'imagination. Cette conception picturale de la musique descriptive, cette recherche immédiate de l'imitation de la nature, a été le premier stade du long développement historique de la musique à programme. Nous en arrêterons provisoirement l'étude à la fin du XVIᵉ siècle.

I.

Si nous demandons aux écrivains du XVIIIᵉ siècle de nous renseigner sur les origines de la musique descriptive, ils ne se montreront nullement embarrassés pour nous répondre qu'elle fut inventée dans le Paradis terrestre. Dom Caffiaux, traitant de l'histoire de la musique « depuis la naissance du monde jusqu'à la prise de Troie », examine « si Adam était musicien » (1). A la vérité, dit-il, « il seroit difficile de fixer la première époque de la musique, si l'on ne parloit qu'aux philosophes, aux algébristes, aux géomètres, aux mathématiciens, à ces hommes de calcul et de combinaisons qu'on ne persuade que la règle et le compas à la main. Mais si des conjectures vives et frappantes peuvent quelque chose sur des esprits raisonnables, je ne vois pas qu'on puisse se dispenser de croire que l'époque de la création du premier homme n'ait été celle de la musique ». C'est, ajoute Dom Caffiaux, « le sentiment du P. Parran, jésuite, du baron des Coutures, et de plusieurs autres écrivains » (2).

Il reste à savoir par quelle voie notre premier père fut conduit à une si belle invention. Adam, selon le savant religieux, « entend autour de lui les oiseaux former des concerts que la nature seule leur a appris. Seroit-il insensible à cette mélodie? ou plutôt ne chercheroit-il pas dans son propre organe à rendre des sons qu'il

---

(1) Dom Caffiaux (1712-1777), religieux bénédictin, connu surtout par son *Trésor généalogique*, n'a ni publié ni terminé son *Histoire de la musique*, dont le ms., sensiblement différent de la description qu'en a donnée Fétis, existe à la Bibliothèque Nationale de Paris, mss. fr. 22536 et 22537.

(2) Les ouvrages auxquels fait allusion Dom Caffiaux sont le *Traité de la musique théorique et pratique* du P. PARRAN, imprimé à Paris en 1646, et *La Morale universelle*, de JACQUES PARRAIN, baron des Coutures. Paris, 1687.

entend si souvent répéter? Peut-être même que les divers sons que la nature faisoit retentir de toutes parts pouvoient lui faire naître l'idée de réduire en art et de transmettre à la postérité une science dont il avoit apporté les premiers principes en voyant le jour ».

Il y avait dans ces « conjectures » de Dom Caffiaux un essai curieux de conciliation entre les traditions païennes de Lucrèce et la doctrine de Saint Thomas d'Aquin (1): le P. Martini devait s'en tenir à celle-ci, sans d'ailleurs y donner beaucoup plus qu'une adhésion tacite (2). Quant à Gresset, en sa qualité de poète, et bien qu'il écrivît en simple prose son *Discours sur l'harmonie* (3), il préférait attribuer à la femme l'honneur d'une si belle découverte: « Consultons les archives du monde, s'écrie-t-il avec emphase. Dès qu'Eve eut entendu les gracieux accents des oiseaux, devenue leur rivale, elle essaya son gosier; bientôt elle y trouva une flexibilité qu'elle ignorait, et des graces plus touchantes que celles des oiseaux mêmes ».

Nous ne nous attarderons pas à des citations qui n'ont de l'histoire que le nom. C'est à une époque à peine éloignée de nous de quelques siècles, et dans les contrées de l'occident latin, que nous nous bornerons a chercher les plus anciens essais de véritable musique descriptive.

Le premier musicien qui s'écria: « Et moi aussi, je suis peintre! » se perd dans la foule anonyme des musiciens du moyen âge. Peut-être était-ce l'un de ces moines, retirés dans la paix des cloîtres, qui entre les longs offices de jour et de nuit, s'occupaient à enluminer des manuscrits et à composer des séquences.

On pourrait aisément découvrir dans le répertoire du chant gré-

---

(1) Au livre V du poème de Lucrèce, *De natura rerum*, se lit un passage sur l'origine de la musique: " Le chant flexible des oiseaux fut imité par la voix longtemps avant qu'une suave mélodie s'unît aux vers faciles pour charmer l'oreille des humains „, etc. — La doctrine de Saint Thomas, énoncée dans sa *Somme*, part. I, quest. 94, art. 3, consistait à affirmer qu'Adam avait sur toutez choses " la science infuse „. Le P. Mersenne et le cardinal Bona étaient partis de ce principe pour lui attribuer la connaissance de la musique.

(2) G.-B. Martini, *Storia della musica*. Bologna, 1757, vol. I, p. 14.

(3) Ce petit ouvrage de Gresset, publié à Paris en 1737, a été reproduit dans les éditions de ses œuvres.

gorien de nombreux exemples de commentaire ou de description par
le chant d'un mot ou d'une phrase du texte; ce ne seraient pas
seulement les formules vocalisées qu'appellent naturellement les idées
de jubilation ou d'exaltation, les mentions d'une clameur qui s'élève
dans la nuit, ou d'une voix qui résonne aux oreilles (1), mais bien
encore des images figurées, come celle des divers langages parlés par
les Apôtres, dans l'« Alleluia » de la Pentecôte, *Loquebantur variis
linguis*, où le mot *variis* est marqué par la répétition d'un même
dessin sur des degrés différents de l'échelle; ou la valeur donnée au
mot *adducentur* dans le courant, et surtout à la fin du Trait de la
messe du commun des Vierges (2). Si ces fragments mélodiques
ressortent évidemment de ce que l'on appelle la « peinture musicale »,
on n'y voit cependant que le côté abstrait de cette peinture, la spé-
cification d'une idée et non pas la représentation d'un phénomène
ou la narration d'un fait. Ceci est au contraire ce que l'on croit
deviner dans l'une des séquences attribuées à Notker, le célèbre religieux de Saint Gall, au IXᵉ siècle, qui commence par les mots:
Sancti Spiritus adsit nobis gratia, et qui passe pour lui avoir été
inspirée par le bruit monotone et régulier d'une roue de moulin (3).
La formule ondulatoire:

qui se reproduit périodiquement, en serait un souvenir.

Les intentions expressives révélées souvent dans les mélodies gré-
goriennes ne doivent pas se confondre dans nos recherches avec les
intentions imitatives. Celles-ci furent, dans le chant profane, sug-
gérées aux musiciens par les poètes ou par l'ambiance d'une époque

---

(1) Alleluia: *Quinque prudentes virgines*, de la fête de Sᵗᵉ Agnès, sur les
mots: " Media autem nocte clamor factus est „. — Trait: *Domine, Deus
virtutem*, de la fête du S. Nom de Jésus, sur les mots: " Sonet vox tua in
auribus meis „, aux pp. 409 et 421 du *Liber gradualis* de Dom Pothier,
édit. Tournai.

(2) *Liber gradualis*, p. 289 et p. 66 et 67 de l'appendice.

(3) Scnubigkr, *Die Sängerschule St. Gallens*. Einsiedeln, 1858, in-4°, p. 54,
ex. noté n° 23. — *Variae preces ex liturgia tum hodierna tum antiqua*,
4ᵉ édit. Solesmes, 1896, in-8°, p. 156.

où s'éveillait de toutes parts ce que l'on est convenu d'appeler « le sentiment de la nature » : une disposition à ressentir le charme, à comprendre la beauté, à pénétrer le sens du monde extérieur, et à vouloir en décrire, en reproduire, en interpréter l'aspect matériel et la signification morale ou mystique. Bien avant que, à l'époque de la Renaissance, le « Pétrarquisme » soit venu stimuler sur ce point la poésie française, l'art médiéval s'appliquait déjà sincèrement à l'étude des phénomènes de la nature, et si la littérature didactique et la peinture de paysage ne formaient pas encore de « genres tranchés », elles existaient en puissance (1). Par les monuments plastiques et scripturaux de cette époque féconde, il serait aisé de montrer les hommes du moyen age attentifs aux spectacles naturels et à la vie des plantes et des animaux, entremêlant, dans les « Bestiaires » aussi bien que dans les bas-reliefs, l'observation directe avec les traditions bibliques et les légendes fabuleuses. Comme les poètes et les conteurs, les peintres, les enlumineurs, les brodeurs situaient les personnages de leurs fictions romanesques, de leurs fresques, de leurs miniatures, de leurs tapisseries, au milieu de prés fleuris, de jardins embaumés, de forêts bruissantes, qui formaient aux aventures joyeuses ou sentimentales, aux amoureux dialogues des bergères et des pastoureux, des « gentils chevaliers » et des dames débonnaires », un encadrement à la fois conventionnel et réaliste, tout rempli de fleurs et d'oiseaux. Il n'était point d'édifice que l'on ne décorât de motifs empruntés à une flore et une faune naïves et capricieuses, point de heaume ni de cuirasse qui ne fussent ornés de figures d'hommes ou d'animaux, de scènes de chasse ou de guerre ; toute la science du blason reposait sur l'emploi de figures stylisées de plantes ou du bêtes réelles ou fantastiques. Autour des

---

(1) En étudiant " le sentiment de la nature dans la littérature de la renaissance française „, M. J. Voigt a émis l'opinion que la peinture ne pouvait pas avoir influencé les poètes en ce sens, parce que à cette époque la France ne possédait pas encore " une école de paysage „ (J. Voigt, *Das Naturgefühl in der Litteratur der französischen Renaissance*. Berlin, 1898, in-8°, p. 120, 121). On ne trouve pas, en effet, " une école de Paysage „ cultivant le paysage en soi, chez les peintres primitifs ! mais chez tous, et notamment chez les miniaturistes, se dénote au moins l'*observation* de la nature, naïvement contemplée, scrupuleusement imitée.

musiciens, tout contribuait à créer une atmosphère qui devait les inciter à concrétiser l'expression de leur art en des essais d'imitation réaliste: et il était inévitable qu'ils fussent amenés par une transposition littérale des procédés des arts plastiques, à s'arrêter tout d'abord, en face des spectacles de la nature animée, à ceux qui ressortaient du domaine du son, et semblaient leur parler d'avance leur propre langage.

C'étaient, au premier rang, les concerts des oiseaux, que les poètes à l'envi célébraient. Les chansons abondaient, où le « rossignolet du bois joli » apparaissait comme un messager d'amour, et plus d'une d'entre elles est passée, au XVIe siècle, du répertoire du chant populaire dans celui de la composition polyphonique. Mais en dehors de toute traduction musicale, la littérature médiévale consacrait à la louange des oiseaux chanteurs assez de pages pour former toute une anthologie. Tel poète se borne à des exclamations admiratives:

> Deus! con si ait biaus bois!
> Li roisignors i chante,
> La mavis, la callandre,
> Li orious, tuit li oisel ki sont (1).

Tel autre se dit sollicité à chanter lui même par le voix du printemps:

> Quant froidure trait a fin
>   Encontre la seson,
> Que chantent en leur latin
>   Par bois cil oiscillon,
> Et verdissent cil gardin,
>   Lors si [est bien] raison
> Que je chant de cuer trés fin (2).

Baudoin de Condé aimait entendre

> Chanter le malvis et l'aloe
> Qui en son dous chant le temps loe (3).

---

(1) G. RAYNAUD, *Recueil de motets français des XIIe et XIIIe siècles*. Paris, 1888, t. II, p. 7. — Les oiseaux ici nommés sont le rossignol, l'alouette huppée (mauvis), l'alouette sentinelle (calandre) et le loriot (orious).

(2) G. RAYNAUD, *ibid.*, t. II, p. 41.

(3) *Histoire littéraire de la France*, t. XXIII, p. 280.

L'auteur du poème des *Trois Marie* ne manquait pas de consacrer aux oiseaux chanteurs quelques vers (1), et l'auteur des *Echecs amoureux* regardait leur concerts comme profitables à l'homme:

> . . . . . Maint oysel ensement
> Chantent melodieusement
> Et ont, ce semble, par nature,
> L'art de musique et la mesure,
> Tant chantent de belles chansons
> En pluiseurs divers plaisants sons
> Qui aux hommes souvent prouffittent (2).

Pour décrirer ces « plaisants sons », Christine de Pisan parle de notes, de leçons, de virelais:

> Mais il n'est nul qui deist la chanterie
> Des oisillons, qui de voix tres series
> Nottes nouvelles
> Chantoient hault, et ces aloues belles
> En l'air sery disoient les nouvelles
> Du doulz printemps, chantant de voix ysveles
> Et a haulx sons;
> Sur les arbres et parmi ces buissons
> Ces oisillons disoient leurs chançons;
> La peust en oïr maintes leçons
> De rossignolz
> Qui disoient leurs virelais mignons (3).

Au XV° siècle, le roi René déclare que la voix des alouettes:

> Est plus a droit et par fine maistrie
> Bien reglée que nul ton d'organie
> Par musique, tel qu'on saiche noter (4).

------

(1) Bonnard, *Les Traductions de la Bible en vers français*. Paris, 1884, p. 201. — Le poème des *Trois Marie* est daté de 1357.

(2) Le poème des *Echecs amoureux* fut versifié vers 1370. Ses parties relatives à la musique ont été publiées par H. Abert dans les " Romanische Forschungen „ de K. Vollmöller, t. XV, 1903, p. 884 et suiv. — Dans le commentaire en prose du même poème, rédigé au XV° siècle (Bibl. Nat. de Paris, ms. fr. 143), on trouve un long éloge du chant du rossignol (fol. 86).

(3) *Le Dict de Poissy* (1400) dans les *Œuvres poétiques* de Christine de Pisan, publ. par M. Roy pour la " Société des anciens textes français „. Paris, 1891, t. II, p. 163.

(4) *Œuvres complètes du roi René*, publ. par de Quatrebarbes, t. II, p. 107.

Il est suivi par Jean Lemaire de Belges, qui emploie résolument tout un vocabulaire musical pour décrire les concerts entonnés au petit jour par la troupe des oiseaux, dans le temple de Vénus:

> Et là seant, les oiseaux entonnerent
> Un doux cantique, entrebrisé d'accords
> Dont les parois du temple resonnerent.
> Philomena moduloit ses records
> Contre tenant, à Progne l'arondelle,
> Par un doux bruit accordant sons discords.
> Merles, mauvis, de plus belle en plus belle,
> Serins, tarins, faisant proportions,
> Y murmuroient, par tenson non rebelle.
> Chardonnerets, en diminutions,
> Linottes, gays, tretous à qui mieux mieux
> Feirent ouyr leurs iubilations.
> Leurs poincts d'orgues volerent aux hauts cieux,
> Leurs versets dits alternativement
> Delecterent les oreilles des dieux (1).

Puisque, au dire des poètes, les oiseaux étaient si bons musiciens, le chemin des compositeurs se trouvait tout tracé, pour suivre leurs leçons. Comment s'y engagèrent-ils, tout d'abord? Le troubadour Guiraut de Calenson, dans la sirvente célèbre où il donne des conseils à un jongleur, n'omet point de lui enjoindre: « Sache imiter le chant des oiseaux », de même qu'il lui recommande d'apprendre à « bien trouver et bien rimer un jeu parti », à jouer de plusieurs instruments, à faire des tours d'adresse avec des pommes et des couteaux (2). Sans doute veut-il parler d'une imitation mécanique ou littérale: le talent d'un siffleur habile devait suffire, comme les exercices d'un bateleur ou d'un ventriloque, à récréer un public peu exigeant (3). Passer de l'imitation pure et simple à l'interprétation

---

(1) *Œuvres de Jean Lemaire de Belges*, publ. par J. Stecher. Louvain, 1885, t. III, p. 109.

(2) RAYNOUARD, *Choix de poësies des troubadours*, t. II, p. 215 et t. V, p. 168. — *Hist. littér. de la France*, t. XVII, p. 577.

(3) Les siffleurs n'ont pas été admirés seulement pendant le moyen âge: l'un des divertissements préparés à Orléans pour la réception de Charles-Quint, le 20 novembre 1539, fut celui d'un siffleur caché dans un arbre du

artistique demandait une éducation esthétique et la possession de moyens d'exécution que devaient lentement acquérir les musiciens de l'époque médiévale. On ne voit pas qu'ils aient fait de très bonne heures des efforts en ce sens. Le petit poème latin sur le chant du rossignol, dont La Fage a publié le texte, surmonté de sa notation en lettres, d'après un ms. du XIIe siècle (1) ne peut être mentionné qu'au point de vue littéraire: le poète-musicien n'a pas tenté de rapprocher sa mélodie des insaisissables autant qu'inépuisables vocalises de « la Philomèle ». Dans les lais, chansons, rondeaux en langue vulgaire, à voix seule, notés du XIIIe au XVe siècle, les strophes qui renferment des allusions poétiques directes au chant des oiseaux se disent sur la mélodie qui sert aux autres couplets (2). Tout au plus, au XVe siècle, une version ornée de la chanson en l'honneur du rossignol: « On doit bien aimer l'oisellet », semblerait-elle comporter, dans ses petites broderies, un certain désir de rappeler de très loin les brillantes vocalises de l'oiseau (3):

cloître Saint-Aignan, dont on avait enveloppé les branches d'étoffes vertes, pour simuler le feuillage absent; il surprit l'empereur par son adresse à imiter le chant du rossignol (ROMAGNESI, *Histoire d'Orléans*, cité par Challamel, *Mémoires du peuple français*, t. V, p. 203). — En 1773, un individu qui se faisait appeler " il Signor Rossignol „ étonnait ses auditeurs par un " chant factice „ qui produisait " la sensation d'une réalité frappante „ (Cfr. le témoignage du comte Lamberg, cité dans le " Magasin pittoresque „, année 1856, p. 395).

(1) J.-A. DE LA FAGE, *Essais de diphthérographie musicale*, p. 273.

(2) Il en est ainsi, par exemple, pour le " lai de la pastourelle „ (Voyez *Lais et descortz français du XIIIe siècle*, publiés par Jeanroy, Brandin et Aubry. Paris, 1901, in-fol., p. 139, n° XXIV) et pour les chansons: " Quand m'en venoye du bois „ et " Il est venu le petit oysillon „ (V. *Chansons du XVe siècle*, publiées par G. Paris et Gevaert, exemples notés, n°s 6 et 67).

(3) *Chansons du XVe siècle*, n°s 109 et 109 *bis*. Pour le texte, v. p. XVI et p. 106-107. La chanson de l'oiselet était populaire au XVe siècle. M. Gaston Paris rappelle qu'elle a été citée par Rabelais. Son texte figure au ms. de Bayeux et se retrouve en 1578 dans le *Premier livre de chansons à trois parties*, publié par Ballard.

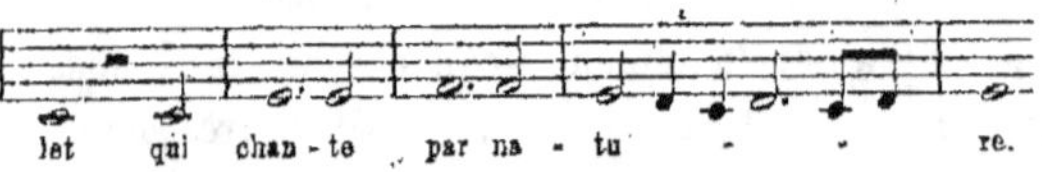

L'introduction dans l'art musical d'effets tirés du chant des oiseaux n'est donc pas due à la chanson populaire. Il faut en chercher les premières tentatives chez les contrapuntistes, et les voir puiser directement aux sources de la nature.

De toutes les agrestes mélodies qu'ils pouvaient essayer d'emprunter au petit monde des oiseaux, le plus aisé à noter, le plus nettement musical, était le chant monotone du coucou, que dans les climats tempérés l'on entend, plusieurs mois durant, jeter sans trève sa tierce harmonieuse et sonore, à travers les mille bruits de la forêt. Il n'est pas surprenant que ce chant ait joué un rôle prépondérant dans les plus anciennes pièces de musique descriptive (1).

Nous le voyons en effet apparaître aux XIII° siècle dans le célèbre canon anglais « Sumer is icumen », que tous les historiens de la musique ont cité ou reproduit (2) en l'étudiant sous son aspect

---

(1) Quelques auteurs, et notamment M. CARL STUMPF (*Musikpsychologie in England*, dans la " Vierteljahrsschrift für Musikwissenschaft „, t. I, 1885, p. 318), assurent que le chant du coucou varie de l'intervalle de seconde à celui de triton : pour notre part, dans l'Est de la France, nous n'avons jamais entendu l'oiseau toucher d'autres intervalles que la tierce majeure ou mineure. On ne contestera point que ce soit, dans le plus grand nombre des cas, la caractéristique de son chant, et nous verrons que la plupart des compositeurs s'y sont conformés. — Sur le rôle joué par le coucou et par son chant dans les traditions et la poésie populaires des nations germaniques et scandinaves, cfr. l'étude considérable de MANNHARDT, *Der Kuckuk*, dans la " Zeitschrift für deutsche Mythologie „, t. III. Gottingen, 1855, pp. 209-298; et, sur les mœurs de l'oiseau, les observations de Florent Prevost, résumées dans le *Dictionnaire d'histoire naturelle* de Guérin, t. II, Paris, 1885, p. 338 et suiv. — A l'heure où nous écrivons, un naturaliste allemand, M. Fr. Thomas, a ouvert sur le chant du coucou une enquête pour laquelle il sollicite les communications des observateurs. Cfr. le " Bulletin mensuel de la Société internationale de musique „, t. VIII, 1906-1907, p. 338.

(2) Nous ne rappellerons que les deux publications les plus récentes: *The Oxford History of music*, vol. I, *The Polyphonic period*, part I, by H. E. WOOLDRIDGE. Oxford, 1901, pp. 326-338, avec fac-similés: et HUGO J. CONBAT, *Il più antico dei canoni conosciuti*, dans la " Rivista musicale italiana „, vol. XI, 1904, pp. 500-514.

le plus intéressant, qui est celui de la technique de la composition à plusieurs voix. Au point de vue de son contenu poétique, ce morceau pourrait passer pour le premier de tous les paysages musicaux, puisque son texte est absolument descriptif (1) et que les mots « le coucou chante », y provoquent le musicien à des effets imitatifs. Or celui-ci, fort occupé de combinaisons canoniques et harmoniques très nouvelles à cette date, hésite dans sa notation du motif de l'oiseau. Au lieu de s'en tenir aux sauts descendants de tierce ou de seconde, qui paraissent principalement dans la partie finale de la plus ancienne version du morceau :

il se trouve, par la texture de son dificile travail, conduit à employer aussi des intervalles ascendants, lesquels, placés également sur les syllabes caractéristiques du chant de l'oiseau, ne les traduisent plus qu'au rebours de la nature :

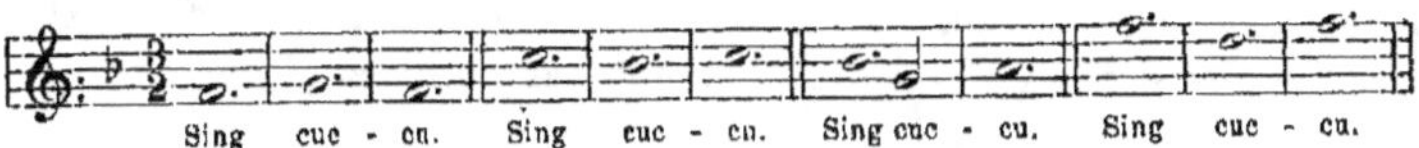

Cent ou cent cinquante ans plus tard, sur les limites du XIVe et du XVe siècle, alors que se forment simultanément dans chaque contrée de l'Europe occidentale des écoles ou des groupes de compositeurs, on voit éclore presque en même temps et presque de toutes parts des œuvres de musique descriptive. Elles ne s'inspirent pas toutes uniquement des tableaux de la nature; quelques contrapuntistes s'essaient à recueillir les bruits d'une chasse, d'un marché, d'une bataille. Nous dresserons premièrement une liste de quelques

-----

(1) " L'été est revenu, le coucou chante, les fleurs s'ouvrent, les bois reverdissent, dans la prairie bondissent les agneaux, etc. „

pièces antérieures à l'année 1420 environ, qui font allusion au chant ou au vol des oiseaux, et au cri de divers animaux (1).

Textes italiens.

1. *Agnel son bianco e vo belando,* à 2 voix, texte de Francesco Sacchetti, musique de Giovanni de Florence. — Florence, Bibl. Laurent., ms. Pal. 87, fol. 1; Paris, Bibl. Nat., ms. ital. 568, fol. 18 v° et ms. fr. nouv. acq. 6771, fol. 12 v°. — Texte publié par Cappelli (2), facsimile de la notation publié par Gandolfi (3).

2. *Alba colomba,* à 3 voix, musique de Bartolinus de Padua. — Florence, Pal. 87, fol. 105 v°; Paris, fr. n. a. 6771, fol. 19 v°; British Museum, add. mss. 29987, fol. 11 v°. — Texte publié par Carducci (4).

3. *Como da lupo pecorella presa,* à 2 voix, texte de Nicola Soldanieri, musique de Donatus de Florentia. — Florence, Pal. 87, fol. 78. — Texte publié par Carducci (5).

4. *Girando un bel falcon,* à 2 voix, anonyme. — Paris, ital. 568, f. 138 v°.

5. *I fu gia usignuolo,* à 2 voix, texte de Nicola Soldanieri, musique de Donatus de Florentia. — Flor. Pal. 87, f. 73 v°; Paris, ital. 568, f. 17 v°. — Texte publié par Carducci (6).

6. *Lucida pecorella,* à 2 voix, musique de Donatus de Florentia. — Florence, Pal. 87, fol. 73 v°; Bibl. Naz. ms. Panciat. 26, fol. 84 ; Paris, ital. 568, f. 14 v°. — Texte publié par Carducci (7).

----

(1) Les mss. cités ci-après ont été décrits par M. Johannes Wolf, qui en a donné les tables et de nombreux extraits en fac-simile et en notation moderne dans sa *Geschichte der Mensural-Notation von 1250-1460.* Leipzig, 1904, 3 vol. in-8°. — D'importantes corrections et additions aux descriptions et aux textes de M. Joh. Wolf ont été apportées par M. Fr. Ludwig, dans son compte-rendu de cet ouvrage, inséré dans les " Sammelbände der Internationalen Musikgesellschaft „, tome VI, 1904-1905, p. 597 et suiv.

(2) Cappelli, *Poesie musicali del secolo XIV, XV et XVI.* Bologne, 1868, in-12°, p. 32.

(3) R. Gandolfi, *Illustrationi di alcuni cimeli concernenti l'arte musicale in Firenze,* 1892, tav. VII.

(4) G. Carducci, *Opere,* vol. VIII (*Studi letterari*). Bologne, 1893, in-8°, p. 362.

(5) Carducci, *Opere,* vol. VIII, p. 374.

(6) Ibid., p. 365.

(7) Ibid., p. 391.

7. *Sotto verdi freschetti molto augelli*, à 2 voix, musique de Ghirardellus de Florentia. — Florence, Pal. 87, fol. 26 v°; Panciat. 26, fol. 89; Paris, ital. 568, f. 26 v°.

8. *Un bel girfalco*, à 2 voix, texte de Nicola Soldanieri, musique de Donatus de Florentia. — Florence, Pal. 87, f. 71 v°; Paris, ital. 568, f. 15 v°. — Texte publié par Trucchi (1); fac-simile de la notation publié par Gandolfi (2); fac-simile et traduction en notation moderne, publiés par Joh. Wolf (3).

9. *Un bel sparver*, à 2 voix, musique de Jacobus de Bononia. — Florence, Pal. 87, f. 9 v° et Panciat. 26, f. 74; Paris, fr. n. a. 6771, f. 4 v°. — Fac-simile et traduction en notation moderne, publiés par Joh. Wolf (4).

10. *Un cane, un'occa e una vecchia pazza*, à 2 voix, musique de Donatus de Florentia. — Florence, Pal. 87, fol. 74 v°. — Texte publié par Carducci (5).

11 et 12. *Uselletto selvaggio*, deux pièces a 3 voix, musique de Jacobus de Bononia. — Florence, Pal. 87, ff. 12 et 13, et Panciat. 26, f. 69 et 73; Paris, ital. 568, f. 43 v° et fr. n. a. 6771, ff. 7 et 8; Londres, Brit. Mus., add. mss. 29987, f. 15. — Texte publié par Trucchi; fac-simile et traduction en notation moderne publiés par Joh. Wolf (6).

TEXTES FRANÇAIS.

13. *En ce gracieux temps joly*, à 3 v.; sous le nom de " Selesses Jacopinus „ (appelé ailleurs Jacob Selenches), dans le ms. de Modène, Est. L, 568, fol. 26 v°; anonyme dans le ms. de Paris, fr. n. a. 6771, fol. 57 v°, et dans le ms. de Padoue 1115.

14. *Hé, tres doux rossignol joly*, à 3 voix; sous le nom de Borlet dans le ms. de Chantilly, musée Condé 1047, fol. 54 v° (7); anonyme

---

(1) TRUCCHI, *Poesie italiane inedite*, vol. II, p. 195.

(2) GANDOLFI, tav. XII.

(3) J. WOLF, t. III, p. 114.

(4) IBID., p. 97.

(5) CARDUCCI, vol. VIII, p. 382. — On trouvera dans le même vol. de nombreux extraits d'autres pièces des mss. de Florence, dont le texte littéraire se rapporte directement ou indirectement aux animaux.

(6) J. WOLF, t. III, p. 99 et 101.

(7) V. sur ce ms. le catalogue publié sous la direction de M. LEOPOLD DELISLE: *Chantilly, le Cabinet des livres, manuscrits*, t. II, p. 277 et suiv.; J. WOLF, *Geschichte*, t. I, p. 328 et suiv.; LUDWIG, p. 599 et p. 611 et s.

dans le ms. de Paris, fr. n. a. 6771, fol. 53; le même se trouvait dans le ms. de Strasbourg (1).

15. *La corneille quil hat,* 3 voix, anonyme. — Paris, ms. fr. n. a. 6771, f. 81.

16. *Onques ne fu si dure departie,* 3 voix, anonyme. — Paris, ms. fr. n. a. 6771, f. 67 v°.

17. *Or sus, vous dormez trop,* 3 voix, anonyme. — Paris, ms. fr. n. a. 6771, f. 78 v°, et ital. 568, f. 123. — Londres, Brit. Mus., add. ms. 29987, f. 76 v°. — Dans le ms. de Paris ital. 568 et dans le ms. de Londres, cette chanson comporte une seconde partie: *Or tost, naquaires.*

18. *Or sus, or sus, de p. sus tous les aultres,* ms. de Pavie 51, f. 67 (2).

19. *Par maintes foys ay oy recorder,* 3 voix, musique de Jean Vaillant. — Ms. de Chantilly, f. 60. Le même morceau, réduit à 2 voix par la suppression du contraténor, avec le texte " Per moutes foys „ au tenor, et un texte allemand " Der may mit lieber zal „ figure parmi les œuvres du Minnesinger Oswald von Wolkenstein dans le ms. de Vienne, bibl. imp. 2777, et a été deux foix publié sous le nom de Wolkenstein (3). M. Ludwig l'a restitué à Jean Vaillant (4).

20. *Plasanche or tost,* à 3 voix, sous le nom de Pykyni dans le ms. de Chantilly, f. 55; anonyme dans le ms. de Paris, fr. n. a. 6771, f. 62 v°.

---

(1) Le ms. de Strasbourg, qui a péri dans les incendies du bombardement de 1870, a été sommairement décrit par AUG. LIPPMANN, *Essai sur un ms. du XVe siècle découvert dans la bibliothèque de la Ville de Strasbourg,* dans le " Bulletin de la Société pour la conservation des monuments historiques d'Alsace „, 2° série, t. VII, 1869, p. 73 et suiv., et par M. P. MEYER, *Notice sur un ms. brûlé* ayant appartenu à la bibliothèque de Strasbourg, dans le " Bulletin de la Société des anciens textes français „, t. IX, 1883, p. 55 et suiv.

(2) Nous ne connaissons de cette chanson qu'un texte littéraire obscur, publié par A. RESTORI dans son étude sur *Un codice musicale pavese,* inséré dans la " Zeitschrift für romanische Philologie „, t. XVIII, 1894, p. 381 et suiv.

(3) *Œuvres de Oswald de Wolkenstein,* publiées par OSWALD KOLLER et Jos. SCHATZ, dans les " Denkmäler der Tonkunst in Œsterreich „, 9° année, 1re partie, 1902, in-fol., p. 179. — J. WOLF, *Geschichte der Mensural Notation,* t. III, p. 186.

(4) LUDWIG, ouvr. cité, p. 613.

Il convient d'ajouter à ces quelques indications la mention du fragment que Fétis a publié d'après un débris de ms. faisant partie de sa collection (1). Ainsi que l'a fait remarquer M. Ludwig (2), ce fragment, « il est temps qu'il rousignols », etc., reproduit une phrase du texte de la pièce de Jean Vaillant, « Par maintes foys », avec une autre musique.

Une remarquable diversité apparaît dans la manière dont ce petit nombre de musiciens d'une même époque conçoivent et interprètent des sujets analogues soit quant au fond, soit quant aux détails. A ne considérer d'abord que les contrapuntistes italiens (3), on les voit tantôt introduire dans leur composition une imitation directe du cri des animaux: le bêlement des agneaux, sur la syllabe répétée, *be, be, be*, dans les pièces *Agnel son bianco*, — *Come da lupo*, — *Lucida pecorella*; l'aboiement du chien, *tè, tè*, dans *Un cane, un'occa*, et dans une chasse qui sera citée plus loin; le cri d'un oiseau de proie, *cro, cro*, dans *Girando un bel falco*; — tantôt souligner par un dessin musical qui fait image le passage de la poésie où il est parlé du vol de l'oiseau, comme dans *Un bel girfalco* et *Un sparver*:

En d'autres morceaux, c'est simplement par l'allure coulante et ornée de ses thèmes que le compositeur s'efforce de rivaliser en

---

(1) Fétis, *Histoire générale de la musique*, t. V, p. 300.
(2) Ludwig, ouvr. cité, p. 599.
(3) Voyez sur ces musiciens l'étude de M. J. Wolf, *Florenz in der Musikgeschichte des XIV. Jahrhunderts*, insérée dans les " Sammelbände der Internationalen Musikgesellschaft „ t. III. 1901-1902, p. 599 et suiv.

M. Brenet.   2

quelque sorte symboliquement avec la mélodie des oiseaux, et d'égaler le charme de leurs concerts tout en renonçant à les reproduire. Dans le texte des deux pièces de Jacopo de Bologna, *Uselletto selvaggio*, vient s'ajouter une intention railleuse, née de l'opposition du chant des oiseaux à celui des mauvais musiciens, qui croient bien chanter parce qu'ils crient fort. Les « doux versets » des oiseaux sauvages ne servent que de point de départ; le compositeur les invoque pour caractériser de mélodieuses chansons, dites d'une belle façon; c'est donc par l'excellence de la phrase musicale qu'il voudra les interpréter fictivement, et comme l'une des habiletés les plus haut prisées chez les chanteurs est la souplesse de la voix, il emploiera de légères vocalises, de longues formules mélismatiques (1):

Les pièces: *Alba colomba, I fu gia usignolo, Sotto verdi freschetti,* et d'autres encore, traduisent mélodiquement dans un esprit allégorique analogue les allusions de leurs textes à la musique des oiseaux.

Chez les compositeurs français de la même époque se remarque une tendance plus explicitement réaliste. Au lieu de symboliser par des vocalises recherchées le langage des oiseaux, ils multiplient dans leurs textes les onomatopées imitatives, et dans leurs compositions de petits thèmes qui visent à reproduire les inflexions caractéristiques du chant de chaque espèce. Pour le rossignol, ils emploient les syllabes: *oçi, oçi* (2); pour le coucou, son nom: pour l'alouette, les mots:

---

(1) Voyez le morceau tout entier en partition moderne dans J. Wolf, *Geschichte*, t. III, p. 101 et suiv.

(2) " Pendant tout le moyen âge, dit M. P. Meyer, le chant du rossignol est représenté par *ochi* et *oçi*. On ne s'est pas fait faute de jouer sur le double sens de ces deux syllabes ". V. " Bulletin de la Société des anciens textes français ", t. VIII, 1882, p. 71, et les exemples fournis par Lacurne de Sainte-Palaye et par F. Godefroy dans leurs deux *Dictionnaires de l'ancienne langue française.*

que dit Dieu, que te dit Dieu; en les faisant résonner au milieu de leur contrepoint vocal, ils s'en servent pour préciser les contours d'un petit tableau musical. C'en est un, que la chanson de Jacques Selenches, sur ces vers:

> En ce gracieux temps joly
> En un destour l'aray oy
>   Si doulcement
> Et plus tres joliement
>   Qu'onques ne vis
> Le rossignolet liement
>   Chanter oçi, oçi, oçi.
> Ains d'avril part il y avoit
> Un oiselet qui tousiours crioit
>   Ahaute vois
>   Coucou, coucou,
> S'alant de buisson en buisson.
> Ne point taire ne se voloit
> Mais tousiours plus fort cantoit
>   Dedans le bois
> Et ne disoit autre canson:
>   Coucou, coucou.
> Adonc tantôt je m'en parti
> Et m'en alay sans nul decri
>   Apertement,
> Vers le rossignol bel et gent
>   Que j'aimoy
> Et l'escoutay gaillardement
>   Disant oçi, oçi, oçi.

Non-seulement les syllabes imitatives reçoivent un dessin musical approprié, mais le compositeur cherche visiblement à faire image dans l'allure mélodique de la phrase notée sur les mots: « s'alant de buisson en buisson:

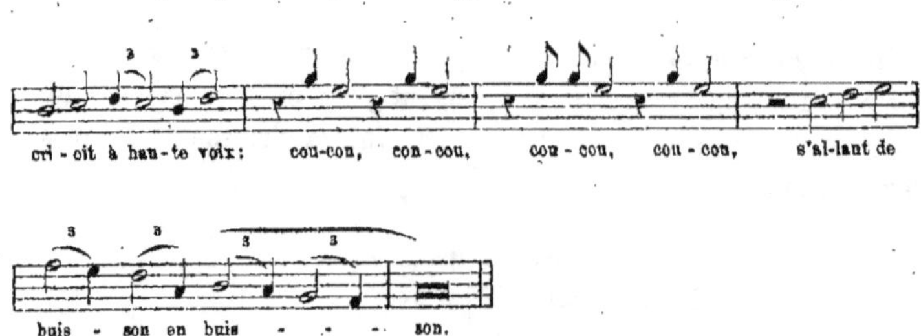

On retrouve la notation du chant du coucou dans la pièce anonyme *la corneille*, et dans celle de Jean Vaillant, sur le vers:

> Par maintes feys ay oy recorder
> Du rosignol la douce melodie
> Mais vesi veult le coucou acorder,
> Ains veult chanter contre ly, par envie,
> Couçou, coucou, coucou, toute sa vie.

Telle était la popularité du chant du coucou, que l'on vit Jean
Martini, dans la seconde moitié du XVᵉ siècle, en faire le thème
d'une messe; il le note, au ténor, dans chacun des-morceaux successifs,
sous la forme d'une tierce descendante, majeure ou mineure, *fa-re*
ou *ut-la*, en variant seulement le choix des signes de durée (1). Jean
Martini écrivait cette messe du coucou comme son contemporain
Jean Cousin sa *Missa tubæ*, à titre d'exercice contrapuntique. Cette
idée, étrange à nos yeux, était bien dans l'esprit du XVᵉ siècle, et
ne doit être jugée que dans une mesure distante de notre critère
moderne. Mieux vaut garder pour des œuvres plus rapprochées de
nous un reproche de mauvais goût: Mettenleiter n'a-t-il pas rapporté
que vers 1830 on chantait dans les églises de Bavière des litanies

---

(1) Quoique cette messe, conservée dans l'un des célèbres mss. de Trente,
soit encore inédite, les seules indications du catalogue thématique de ces
précieux recueils suffisent à faire supposer que Martini traitait le thème
du coucou pour lui-même et comme une mélodie véritable: s'il en eût été
autrement, si la tierce de l'oiseau eût été partie intégrante d'un motif de
chanson, la similitude du thème dans le début de chaque morceau de messe
ne se bornerait pas aux deux premières notes. Voyez le catalogue des mss.
de Trente, dans les " Denkmäler der Tonkunst in Œsterreich ", 7ᵉ année,
Trienter Codices, vol. I. Vienne, 1900, in-fol., p. 67, nᵒˢ 1145-1149.

avec orchestre, composées par un certain Schalk pour le prince de Tour et Taxis, et dans lesquelles une flûte, pendant toute le durée de l'*Agnus Dei*, imitait obstinément le chant du coucou? (1)

Dans l'impossibilité où ils se trouvaient de noter les variations du rossignol, les contrapuntistes se bornaient, d'ordinaire, à les abréger en motifs conventionnels, qui apparaissent sous des formes presque semblables dans la chanson *Onques ne fu*:

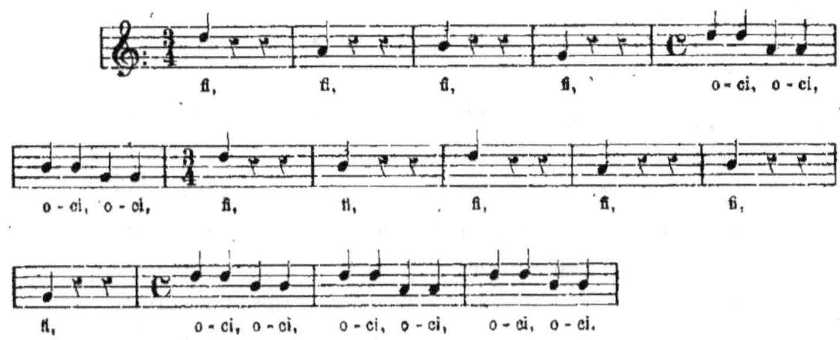

chez Jean Vaillant, dans la chanson *Par maintes foys*:

et chez l'auteur de la chanson, *Hé, très doux rossignol joly*:

Ce dernier nous montre aussi l'alouette:

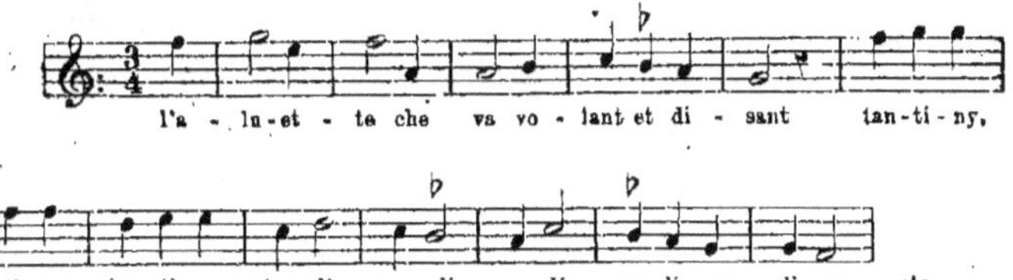

---

(1) METTENLEITER, *Musikgeschichte der Stadt Regensburg*. Regensburg, 1866, in-8°, p. 281.

Mais si l'imitation du chant des oiseaux tient une grande place dans cette pièce, elle n'en forme cependant pas le sujet, qui est un petit poème amoureux. Il en est de même pour plusieurs chansons, et notamment pour celle: *Or sus, vous dormez trop*, dont nous retrouverons le souvenir chez les maîtres du XVIᵉ siècle, et dans laquelle le chant de l'alouette annonce le lever du jour; une seconde partie, *Or tost, naquaires*, jointe dans deux manuscrits au complet principal, ajoute au ramage des oiseaux, merle, mauvis, chardonneret, l'imitation d'une fanfare, qui sonne le réveil sur les syllabes *tytiton, tytiton*.

Si la musique des oiseaux avait le privilège d'inspirer directement et fréquemment les musiciens du moyen âge, on les voyait aussi puiser à d'autres sources les éléments de leurs compositions descriptives. Telles étaient les descriptions musicales de chasses, dont un exemple intéressant a été publié en partition moderne par M. Johannes Wolf (1), — une pièce à trois voix de Ghirardellus de Florentia, *Tosto che l'alba*, contenue dans les mss. de Florence, Pal. 77, et de Paris, ital. 568. Les hypothèses tant soit peu hardies qui ont été récemment présentées relativement à la participation des instruments dans l'exécution des pièces vocales du moyen âge ne peuvent nulle part sembler plus vraisemblables que dans cette composition, où les voix, après avoir appelé et excité les chiens, annoncé et poursuivi le cerf, proclament sa capture aux sons du cor.

A côté de cette chasse, M. J. Wolf a publié, d'après le même ms. de Forence, une curieuse composition de messer Nicola Zacharias (2), — un chantre pontifical vers 1420, — dans laquelle ce contrapuntiste a entrepris de représenter musicalement la confusion bruyante des offres et des demandes de la foule dans une foire ou un marché. Déjà dans le XIIIᵉ siècle, l'un des musiciens du ms. de Montpellier avait tenté l'esquisse d'un tableau analogue, et choisi pour ténor d'un motet à trois voix un cri de marchand en plein vent: « Fraise nouvelle! mûre franche! ». Ce cri, quatre fois répété,

---

(1) J. Wolf, *Florenz in der Musikgeschichte*, etc., dans les " Sammelbände der Internationalen Musikgesellschaft „, t. III, p. 629.
(2) Ibid., p. 618 et suiv.

soutient les deux autres parties, dont l'une a pour texte l'énumération des denrées que l'on peut trouver à Paris:

> A Paris, soir et matin
> Truev'on bon pain et bon cler vin.

Coussemaker, en étudiant le ms. de Montpellier, n'avait pas
aperçu tout l'intérêt de ce morceau, sur lequel l'attention a été
dernièrement appelée par M. Pierre Aubry, qui le désigne comme
« le plus ancien essai d'esthétique réaliste dans l'histoire musicale » (1): il précède, en effet, de plus d'un siècle, le morceau de
Zacharias.

Dans celui-ci, les trois voix sont simultanément chargées de représenter les vendeurs, les acheteurs, les passants, les commères. Il
n'y a pas à mettre en doute que les intonations habituelles des
annonces de marchands ne soient littéralement notées, tant la plupart
sont proches d'une déclamation naturelle: et par conséquent le travail de Zacharias a consisté principalement, comme celui des dé-
chanteurs, à rassembler et à « faire marcher ensemble » plusieurs
thèmes donnés, souvent très simples et de très près apparentés les
uns aux autres. Il suffit d'en détacher un ou deux de l'ensemble:

Dans ce dernier cri s'aperçoit un artifice dont plus tard maint
compositeur devait user pour obtenir des effets burlesques: la suspen-
sion du sens d'un mot sur sa première syllabe, répétée. L'assemblage
de ces petits segments mélodiques était donc combiné quelquefois
en vue d'effets comiques autant que d'effets descriptifs; mais ce que

---

(1) PIERRE AUBRY, *Vieilles chansons françaises du XIIIe siècle*, dans la
« Tribune de Saint-Gervais „, t. XIII, 1907, p. 33.

le musicien poursuivait avant tout, c'était le rendu de la vie. Si Zacharias ne dispose que de trois voix, si son œuvre reste harmoniquement simple, maigre, maladroite, il s'efforce d'y jeter une animation suffisante pour illusionner tant soit peu l'auditeur. Chaque partie vocale se compose, non pas du développement suivi d'un ou deux thèmes, mais de la succession rapide, hâchée, incohérente, de petites phrases diverses; chaque chanteur joue plusieurs rôles, appelle, marchande, refuse, s'interroge et se répond à lui-même. Jannequin, cent ans plus tard, ne procédera pas autrement; et, sauf qu'ils ont à leur service toute une armée de choristes, les compositeurs modernes, dans les scènes de marché de leurs opéras et opérettes, se montrent à peine un peu plus réalistes que le vieux chantre papal.

Sur le terrain des « batailles en musique » on peut trouver aussi des prédécesseurs à Jannequin. Le fait n'a rien d'inatendu, si l'on songe à la part alors revendiquée par l'élément militaire et chevaleresque dans la vie publique et privée, et si l'on se reporte aux récits, aux monuments de cette époque, qui nous offrent de la guerre une image si différente de celle à laquelle nous sommes aujourd'hui accoutumés. Depuis que « les progrès de la science » ont permis d'organiser de monstrueuses tueries, où des armées entières peuvent se détruire sans se voir, en se servant d'engins compliqués et sûrs comme des instruments de précision, on a peine à se figurer ce qu'étaient les combats d'autrefois, dans lesquels les calculs de l'ingénieur ne venaient guère en aide à la bravoure de l'homme, et où le son terrible des mines et du canon n'étouffait pas les clameurs des cris de guerre et les éclats des trompettes. Il faut lire dans les vieux chroniqueurs le récit de ces mêlées où « le bruit de la noise était si grand, qu'il sembloit que la terre fondist ». Chaque corps de troupe, chaque compagnie avait son cri particulier, devise, invocation religieuse, nom d'un état, d'une ville ou d'un Prince; de la vigueur avec laquelle les hommes le poussaient, on augurait de leur courage: « Comme le bruit et le tintamarre que le tonnerre fait dans les nues, en même temps que le carreau de la foudre vient de se lancer sur la terre, ajoute beaucoup à l'étonnement que ce météore a coutume de former dans les esprits, il en est de même des cris des soldats qui vont à la charge; car ces voix confuses poussées avec allégresse augmentent l'effroi et l'épouvante des ennemis, qui les prennent pour des preuves indubitables de courage, le silence, au contraire, étant une marque de crainte » (1).

Ces « voix confuses » d'une bataille invitaient donc les musiciens à des essais descriptifs pour lesquels, avec les « cris d'armes », les sonneries de trompettes et de fifres, les rythmes des tambours et les chansons de soldats fournissaient des thèmes en abondance. Dans le nombre de ces dernières, qui ont été recueillies, quelques-unes n'omettent point de rappeler les bruits du combat. Tel est le second couplet de la chanson « Il fait bon voir ces hommes d'armes », dont les premiers vers se rapportent aux expéditions des Français en Italie:

> Ruez, faulcons, ruez, bonbardes;
> Serpentines et gros canons.
> Et montez sus chevaux et bardes
> Sonnez, trompettes et clairons,
> Affin que bon butin gaingnons
> Et que puissions bon bruit acquerre.
> Entre nous, gentilz compaingnons,
> Suyvons la guerre! (2).

La mélodie de cette chanson ne révèle pas d'intentions imitatives. La plus ancienne bataille en musique que nous ayons pu découvrir ne remonte qu'à l'époque de Dufay ou d'Ockeghem (fin du XVᵉ siècle). C'est une chanson italienne anonyme, à trois voix, contenue dans le ms. fr. 15123 de la Bibliothèque nationale de Paris (3).

Le musicien n'a pas eu le dessein d'y peindre une bataille déterminée, ni toute l'action d'une bataille et ses péripéties. Il s'est borné à grouper quelques-uns des cris poussés par les combattants. Nous publions en entier cette pièce, jusqu'ici restée inédite:

---

(1) *Dissertation anonyme sur le cri d'armes*, dans la " Collection de Mémoires „, publ. par Petitot et Monmerqué. — Voyez aussi de ROCHAS D'AIGLUN, *Cris de guerre, devises, chants nationaux*. Paris, 1890, in-8°.

(2) G. PARIS et GEVAERT, *Chansons du XVᵉ siècle*, p. 129 et n° 128 des exemples notés.

(3) Fol. 8.

M. BRENET.   3

Cantus
Tenor
Contra
Al - la ba - ta - glia al - la ba - ta - glia, su, su, su, cha-va-gli,
su, su, fan-ti, su, su, su, su, me-te-te-vi in pun - - - to
in pun - to. Ar - me, ar - me, cias - cun si gri - - -
da for - te: chie-sa, chie - sa, chie-sa, chi ris - - pon-

(1)

---

(1) L'alternance des cris : *duca! duca!* et *chiesa! chiesa!* pourrait permettre de supposer que la pièce fait allusion à l'une des batailles engagées entre les troupes pontificales et celles d'un seigneur italien.

II.

Dès les XIVe et XVe siècles, le principe de la musique descriptive se trouve donc admis par les contrapuntistes, qui s'ingénient à le mettre en pratique par des procédés d'imitation directe. Quelles que soient la naïveté, la timidité, ou la maladresse de leurs procédés réalistes, ils en conçoivent l'application à tous les sujets dont s'empareront les maîtres du XVIe siècle : bruits de guerre, rumeurs populaires, chasse, chant des oiseaux ; il reste à Clément Jannequin et à ses rivaux le soin de reprendre tout cela, et de le créer à nouveau, en amenant ce qui n'était qu'ébauches réduites et modelages indécis, à l'état de véritables œuvres d'art.

Entre tous les musiciens du XVIe siècle, Jannequin reste personnellement l'un des plus mystérieux. C'est vers 1528 qu'il apparaît subitement, avec un livre de chansons, imprimé sans date, sans dédicace, sans la moindre indication d'origine, de fonctions, de résidence, chez Pierre Attaingnant, à Paris. Trente ans plus tard, quelques mots placés dans une épitre dédicatoire enseignent qu'il se trouvait, en 1559, « en pauvre viellesse vivant » (1). Sa patrie, ses emplois, la durée de sa vie, l'époque de sa naissance et celle de sa mort, énigmes que tout cela. Sans doute, son assiduité à chanter les victoires françaises, — Marignan, Boulogne, Metz, Renty, — montre en lui un sujet, peut-être un serviteur, de François Ier et de Henri II ; mais ce que l'on a pu atteindre jusqu'ici des comptes royaux ne renferme aucune trace de son nom. Il se peut qu'il ait été attaché

(1) Ce passage de la dédicace de ses *Octante-deux psaumes* " à la reine de France „ a été cité par Fétis, *Biographie des Musiciens*, t. IV, p. 423, qui n'a d'ailleurs pas donné le document entier, non plus que l'indication du lieu où il en avait pris connaissance.

à la maison d'un seigneur secondaire : à cette époque un musicien, quels que fussent son talent et ses succès, restait un très petit personnage, dont les œuvres se répandaient sans que l'on fît grande attention aux circonstances de sa vie. Rien n'est venu appuyer l'hypothèse de Fétis, qui, se basant sur le lieu d'édition de quelques recueils d'œuvres de Jannequin, supposait qu'il demeurait à Lyon : le nombre est bien plus grand des compositions et des livres entiers qu'il fit paraître à Paris, et c'est à tout le moins là qu'il vivait en 1559, lorsqu'il surveillait lui-même la réimpression de ses principales chansons descriptives, dans le *Verger de musique*.

A peine oserait-on conclure absolument, d'après deux de ses dernières œuvres, qu'il était huguenot (1) : car le fait d'avoir mis en musique une série de psaumes traduits en français (2) était alors commun à beaucoup de compositeurs et n'impliquait pas de leur part une adhésion effective à la Réforme. A plus forte raison faut-il écarter la proposition bizarre de Sterndale Bennett, qui a cru Jannequin juif, parcequ'il avait écrit des pièces à quatre parties sur une paraphrase en vers français des *Proverbes de Salomon* (3). A la

---

(1) C'est l'opinion de Fétis, qui a naturellement été adoptée avec empressement par O. Douen, dans son livre sur *Clément Marot et le psautier huguenot*, t. II, p. 15. Cette opinion s'appuie sur les *Octante-deux psaumes* et les *Proverbes de Salomon* mentionnés ci-après. On doit remarquer que les rédacteurs de *la France protestante* n'ont pas fait place à Jannequin dans leur recueil.

(2) Nous n'avons pu découvrir aucun exemplaire de ce livre de *Octante-deux psaumes*, que Fétis paraît avoir vu, et dont M. Douen répète le titre, avec la note " communication de G. Becker „ sans indiquer davantage en quel lieu s'en trouve un exemplaire.

(3) J.-R. Sterndale Bennett, art. Jannequin du *Dictionary of music and musicians*, de sir George Grove, 2ᵉ édit., 1906, t. II, p. 526. Il est regrettable que tout cet article n'ait pas été refondu pour la 2ᵉ édition. — L'ouvrage ici visé a pour titre : *Proverbes de Salomon, mis en Cantiques et rime Françoise, selon la vérité Hebraïque ; nouvellement composés en Musique à quatre parties, par M. Clement Ianequin, imprimés en quatre volumes*. A Paris, de l'imprimerie d'Adrian Le Roy et Robert Ballard, 1558. Avec privilege du Roy pour dix ans. In-8° obl. — Bibl. Nat. de Paris, le ténor seul; British Museum, la basse seule.

vérité, les compositions religieuses sont très rares dans l'œuvre de Jannequin. On n'y mentionne qu'un seul motet (1) et deux messes seulement, qui sont des arrangements de deux de ses chansons (2); le livre de psaumes et le livre de proverbes qui viennent d'être cités: et en face de ce lot très limité de pièces liturgiques ou seulement édifiantes, une série de plus de deux cents chansons profanes (3). Quelles qu'aient donc été ses convictions religieuses, elles n'ont à

---

(1) *Congregati sum*, à 4 voix, en deux parties, dans le *Liber Cantus trigenta*, de J. de Bulghat, Ferrare, 1538. — Voyez EITNER, *Bibliographie der Musiksammelwerke*, p. 42 et 642.

(2) D'après une assertion de Fétis, des messes de Jannequin auraient existé en manuscrit à la chapelle pontificale. C'est d'après un imprimé de 1540, mentionné ci-après, et non d'après un ms., que Baini, dans sa biographie de Palestrina, t. I, p. 140, note 226, avait pu citer la messe sur *la Bataille*: Fétis transforma ce titre unique en " plusieurs messes „, et Sterndale Bennett est parti de là pour conjecturer que Jannequin avait été chantre de la chapelle pontificale. C'est ainsi que l'on a longtemps écrit, et que l'on écrit encore quelquefois, l'histoire des maîtres du XVIᵉ siècle! — Les deux seules messes connues de Jannequin sont celles sur *la Bataille* et sur *l'Aveugle Dieu*: I. La messe *la Bataille* parut dans le *Liber decem missarum* imprimé à Lyon par Jacques Moderne en 1532 et en 1540; pour la 1ᵉʳᵉ édition, que n'ont connue ni Fétis, ni EITNER dans sa *Bibliographie*, voyez le *Catalogo della Biblioteca del Liceo musicale in Bologna*, vol. I, p. 30; pour la seconde, qui existe à la bibl. imp. de Vienne et à la chapelle pontificale, voyez SCHMID, *Petrucci*, p. 255; EITNER, *Bibliographie*, p. 60; HABERL, *Bibliographischer und thematischer Musikkatalog des päpstlichen Kapellarchives*, Leipzig, 1888, p. 51. Une 3ᵉ édition, faite en 1560 par Ludwig Senfl, a été décrite par M. Roth, d'après l'exemplaire de la bibl. de Wiesbaden, dans les *Monatshefte für Musikgeschichte*, t. XXIV, 1892, p. 158. Une copie, incomplète de la fin, se trouve dans le ms. 15950 de la bibl. imp. de Vienne. — II. La messe sur *l'Aveugle Dieu* fut imprimée à Paris, en 1554, par Nic. Duchemin, dans le recueil: *Missae duodecim*, etc. Voyez EITNER, *Bibliographie*, p. 131. Elle existe en copie dans le ms. 93 de la bibl. de la ville de Breslau. Voyez BOHN, *Die musikalischen Handschriften... der Stadtbibliothek zu Breslau*, p. 108. — La chanson de Jannequin sur laquelle cette messe était composée avait paru en 1551 dans le *Neuvième livre de chansons nouvelles*, de Duchemin. V. EITNER, *Bibliographie*, p. 120.

(3) Malgré leur étendue, les listes données par EITNER dans sa *Bibliographie*, pp. 641-647 et dans son *Quellen-Lexikon*, t. V, pp. 273-274, sont encore incomplètes.

aucune époque dominé sa pensée (1), et l'on peut dire que toujours, avant tout, et surtout, Jannequin fut un compositeur profane, un compositeur de chansons.

Nous ne nous occuperons que de ses chansons descriptives, dont il est tout d'abord essentiel de dresser, autant que possible, la bibliographie chronologique.

1. s. d. — (vers 1528) CHANSONS DE MAISTRE CLEMENT JA | NEQUIN NOUVELLEMENT ET CORRECTEMENT IMPRIMEEZ À PARIS PAR PIERRE | ATTAINGNANT demourant a la rue de la Harpe devant le bout de la rue des | Mathurins pres leglise Saint Cosme. | Tenor.

Bibl. Nat. de Paris, ex. complet en 4 parties séparées.

Ce recueil contient cinq chansons: *Reveillés vous, cueurs endormis* (le chant des oiseaux); *Escoutez tous, gentilz galloys* (la Guerre); *gentilz veneurs* (la chasse (2)); *Or sus, vous dormez trop* (le chant de l'alouette); *Las, povre cueur.* — Réimprimé en entier par H. Expert, voyez ci-après.

2. s. d. — (vers 1529) SIX GAILLARDES ET SIX PAVANES | avec treze chansons musicales a quatre parties, le tout nouvellement | imprimé par Pierre Attaingnant, imprimeur et libraire demourant à Paris en la rue de la Harpe, etc.

Bibl. roy. de Munich, ex. complet (3).

Contient de Jannequin la chanson: *Voulez-vous ouyr les cris de Paris.*

3. — (1530) TRENTE ET SIX CHANSONS MUSICALES | à quatre parties imprimées à Paris par Pierre Attaingnant libraire | demourant, etc.

Bibl. Nat. de Paris, et bibl. roy. de Munich, ex. complets.

Ce recueil contient au fol. 1 la chanson: *Chantons sonnons trompettes*, qui est anonyme dans l'ex. de Paris et, en copie, dans le ms. 124 de Cambrai, mais que Eitner attribue à Jannequin, probablement d'après l'ex. de Munich (4).

4. — (1531) CANZONI, FROTTOLE ET CAPITOLI DA DIVERSI | ECCEL-LENTISSIMI MUSICI, con novi canzoni agionti composti | novamente et

---

(1) Au moment même où Jannequin publiait ses psaumes et ses proverbes, il revisait une nouvelle édition (*le Verger de musique*) de quelques-unes de ses plus célèbres chansons profanes.

(2) EITNER, *Quellen-Lexikon*, t. V, p. 273, dit par erreur: " du lièvre „. Le morceau, comme il sera dit plus loin, est une chasse du cerf.

(3) EITNER, *Bibliographie*, p. 20.

(4) EITNER, *Bibliographie*, p. 20 et 642.

stampati. Libro secondo de la Croce. — Impressum Rome, opera, arte et impensa Valerius Dorich Gedensis Brixiensi anno Domini 1531.

Bibl. du Liceo musicale de Bologne.

Contient de Jannequin: *la Bataille*, à 4 voix (1).

5. — (1537) Les Chansons de la guerre, la chasse, le chant des oyseaux, l'alouette, le rossignol, composees par maistre Clement Jennequin, reimprimees par Pierre Attaingnant et Hubert Jullet..... à Paris..... 1537.

Bibl. roy. de Munich et bibl. de Wolfenbuttel, ex. complets (2).

La date 1537 que porte cette édition détermine la date de celle que nous avons inscrite sous le n° 1 et placée vers 1528: car le privilège d'Attaingnant pour cette première édition était d'une durée de dix ans, et se trouvait près d'expirer lorsqu'il jugea utile de donner une réimpression des chansons de Jannequin.

6. — (1545) CLEMENT JANNEQUIN. LA BATAGLIA. LA LOUETTE. LES CRITZ DE PARIS. LE CHANT DES OYSEAUX. LE ROSSIGNOL. Venetiis, apud Ant. Gardano, 1545.

Bibl. imp. de Vienne, le ténor seul (3).

7. — (1545) LE DIXIESME LIVRE CON- | tenant la Bataille a Quatre de Cle- | MENT. JANNEQUIN, AVECQ LA CIN- | quiesme partie de Phili. Verdelot si placet, Et deux | Chasses de Lievre a quatre parties, et le Chant des oyseaux a trois, — Nouvellement Imprimé en Anvers par Tylman Susato | Imprimeur de Musicque Lan MDXLV au mois d'aoust.

Bibl. de Berlin, Bruxelles, Munich, Vienne, Upsal, ex. complets (4).

---

(1) *Catalogo della Biblioteca del Liceo musicale*, t. III, p. 200. — VOGEL, *Bibliothek der gedruckten weltlichen Vocalmusik Italiens*, Berlin, 1892, t. II, p. 378.

(2) VOGEL, *Die Handschriften nebst älteren Druckwerken der Musik-Abtheilung... der hrzg. Bibliothek zu Wolfenbüttel*, 1890, p. 157. — EITNER, *Quellen-Lexikon*, t. V, p. 273.

(3) SCHMID, *Petrucci*, p. 138. — EITNER, *Quellen-Lexikon*, loc. cit.

(4) Le contenu de ce livre a été inventorié deux fois différemment par Eitner: 1°, d'après sa *Bibliographie*, p. 95, on y trouve la Bataille de Jannequin avec la cinquième voix ajoutée par Verdelot, le chant des oiseaux, à trois voix, de Nic. Gombert, la chasse du lièvre, anonyme; une autre chasse du lièvre, de Nic. Gombert; 2°, d'après son *Quellen-Lexikon*, t. IX, p. 830, article Susato, le livre " ne contient que des œuvres de Jannequin „. — Ambros attribue à Jannequin les deux chasses du lièvre (" Geschichte der Musik „, t. III, p. 397).

8. (1551) — Tenor | Cinqviesme livre du recveil | contenant quatre
excellentes chansons anciennes, Intitulées | Le chant des oyseaux | Le
chant de l'Alouette | Le chant du rossignol | La Guerre | Plus | Deux aultres
chansons nouvelles faictes sur | La prinse & Reduction de Boulongne |
Plus. La Meusniere de Vernon | Le tout, en musique, à quatre parties,
en quatre volumes : | De la composition de M. Clement Ianeqvin, | ex-
cellent musicien | Avec privilege du Roy pour six ans | De l'imprimerie
de Nicolas Du Chemin, à l'enseigne du | Gryphon d'argent, rue S. Jean
de Latran à Paris | 1551.

L'adresse et la date sont répétées " in fine „.

Bibl. Nat. de Paris, supérius et ténor. — Bibl. roy. de Berlin, ténor.

9. — (1555) Premier livre des inventions musicales de Clement
Jannequin contenant la Guerre, la bataille de Metz, la jalousie, le tout
en cinq parties. Nouvellement reveu et corrigé, et imprimé à Paris, le
13 juillet 1555. De l'imprimerie de Nicolas Du Chemin.

Bibl. de Stockholm, supérius. — Vente Revoil, bassus (1).

10. — (1555) Second livre des inventions musicales de Clement
Jannequin contenant le chant des oyseaux, le chant de l'alouette, le
chant du rossignol, la prise de Boulogne, la reduction de Boulogne, la
meunière de Vernon, Un jour voyant herbes et fleurs. Le tout à quatre
parties. Imprimé à Paris le 25 août 1555. De l'imprimerie de Nicolas
Du Chemin.

Vente Revoil, bassus (2).

11. — (1555) Le caquet des femmes, à cinq parties, composé par
Clement Jannequin. Nouvellement reveu et corrigé. A Paris. De l'imprimerie de Nicolas Du Chemin.

Bibl. de Stockholm, supérius. — Vente Revoil, bassus (3).

---

(1) Ce titre est donné par Brunet, *Manuel du libraire*, 5e édit., t. III,
p. 498, d'après l'exemplaire de la vente Revoil, et par Eitner, *Quellen-
Lexikon*, t. VI, p. 273. — Fétis, qui a d'ailleurs confondu l'ordre des publications de Jannequin, a donné d'après Gerber un titre inexact des *Inventions musicales*, avec la date 1544, impossible à justifier, puisque le
premier livre renferme une chanson relative à la bataille de Metz, qui
n'eut lieu qu'en 1554, et le second livre une pièce analogue sur la prise
de Boulogne, qui s'accomplit en 1549.

(2) Brunet, *Manuel*, loc. cit.

(3) Brunet, *ibid.* — Eitner, *Quellen-Lexikon*.

12. — (1555 ?) La Vennerie, autrement dit la Chasse... A Paris...
Nic. Du Chemin.

Vente Revoil, bassus (1).

13. — s. d. (1555 ?) Le difficile des chansons, premier livre contenant vingt-deux chansons nouvelles à quatre parties, en quatre livres,
de la facture et composition de maistre Clement Jannequin. A Lyon,
par Jacques Moderne.

Ce recueil contient, sous le n° 17, *la Guerre.*
Un exemplaire se trouvait en 1839 à la librairie Techener (2).

14. — (1559) VERGER DE MVSIQVE CON- | tenant partie des plus excel-
lents labeurs de M. C. Ianequin, à 4 & 5 parties | nouvellement imprimé
en 5 volumes, reveuz & corrigez par lui mesme. | PREMIER LIVRE |
TENOR | A PARIS | De l'imprimerie d'Adrian Le Roy, & Robert Ballard,
Imprimeurs du Roy | rue S. Jean de Beauvais, à l'enseigne Sainte Gene-
vieve. 1559. | Auec privilege du Roy pour dix ans.

In 8 obl. — Bibl. Nat. de Paris, le ténor seul. — Londres, British
Museum, ex. complet.

Le recueil contient: *Le chant des oiseaux; le chant du rossignol; le chant
de l'alouette; la prise de Boulogne* (en deux parties); *la bataille* (escoutez tous,
gentilz galloys) à 4; *la bataille de Metz* (en 2 parties); *la bataille* ᵃ avec la
5ᵉ partie ajoutée par Verdelot sans y rien changer „; *le caquet des femmes,*
à 5; *la jalousie; la chasse; la bataille de Renty.*

Nous nous occuperons plus loin des transcriptions instrumentales
des chansons pittoresques de Jannequin. Leurs réimpressions modernes
en partition se présentent dans l'ordre suivant:

RECUEIL DES MORCEAUX DE MUSIQUE ANCIENNE exécutés aux concerts
de la Société de musique vocale religieuse et classique fondée à Paris
en 1843 sous la direction de M. le prince de La Moskowa, Paris, Pacini,
in 8, s. d. — Tome V, p. 13, la Bataille de Marignan; tome XI, p. 333,
le Chant des oiseaux (3).

---

(1) BRUNET, *ibid.*
(2) Cet exemplaire a été vu et mentionné par KASTNER, *les Chants de
l'armée française*, Paris, 1855, in-4°, p. 35, et par BRUNET, *Manuel du libraire*,
Supplément, t. II, p. 707.
(3) Dans cette édition, les textes littéraires et musicaux ont subi d'im-
portants changements, qui ne permettent d'y recourir qu'avec méfiance.

Collectio operum musicorum Batavorum sæculi XVI, edidit F. Commer. Berlin, Trautwein, in fol. — Tome XII, p. 1, les Cris de Paris ; p. 85, la Bataille, à 5 voix (avec la 5e voix ajoutée par Verdelot) ; p. 104, la Chasse du lièvre (anonyme dans le Dixième livre, de Susato, 1545).

Les Maîtres Musiciens de la Renaissance française, éditions publiées par M. Henry Expert ..... (1) 7e livraison, Chansons de maistre Clement Jannequin (réimpression textuelle, et intégrale du livre publié vers 1528 par Attaingnant, catalogué ci-dessus sous le n° 1), Paris, Leduc, in 4, 1898.

Anthologie chorale, publiée par M. Henry Expert. Supplément aux Maîtres Musiciens de la Renaissance Française. Édition avec clefs usuelles et transpositions à l'usage des chœurs modernes, Paris, Leduc, in 4, 1900. — N° 170, *Le Chant des oiseaux* ; n° 182, *La Guerre* (la Bataille de Marignan).

Clément Jannequin. *Trois fantaisies vocales à quatre voix. Le chant des oiseaux. La Bataille de Marignan. Les cris de Paris*, édition populaire annotée par Ch. Bordes, Paris, bureau d'édition de la Schola cantorum, in 4 obl., s. d.

De toutes les chansons descriptives de Jannequin, on voit par la liste précédente que *la Guerre*, appelée aussi *la Bataille*, ou *la Bataille de Marignan, la Bataille française, la Défaite des Suisses* (2), était, dès le XVIe siècle, la plus connue. Le brillant fait d'armes qu'elle célébrait avait eu lieu les 13 et 14 septembre 1515, dans la première année du règne de François Ier, auquel il avait assuré la conquête du Milanais. Il y a toute apparence que Jannequin n'avait pas attendu longtemps pour en consacrer le souvenir dans sa com-

---

(1) Pour toutes les pièces qui figurent dans les éditions de M. Henry Expert, nous nous servirons continuellement ci-après de ces éditions dont la scrupuleuse fidélité offre l'équivalent des originaux, avec, en plus, la commodité de la lecture en partition et tous les avantages d'une admirable érudition.

(2) Dans le *Dixieme livre*, de Susato, 1545, le morceau est intitulé " la Bataille, ou la défaite des Suisses à la journée de Marignan „ ; une transcription pour luth, dans un ms. de la bibl. de Vesoul, l'intitule " bataille de Marignano „ ; une transcription allemande l'appelle " bataille française „, par opposition à la *battaglia italiana*, de Matthias Hermann.

position, et que celle-ci s'était répandue en copies, avant d'être imprimée par Attaingnant (1).

Après Burney, qui avait su distinguer l'intérêt de cette pièce, et Choron, qui l'avait fait exécuter dans les exercices publics de son école de chant, Kastner fut un des premiers musicologues qui commentèrent *la Bataille de Marignan* (2). Il en reproduisit les paroles, en s'étonnant du « mérite peu commun » qu'avait dû déployer le compositeur pour « mettre convenablement en musique » un texte « si étrange » ; et il ne lui parut « pas impossible » que Jannequin « ait eu en vue de rappeler quelques-unes de sonneries alors en usage « dans les armées, comme le *Boute-selle* et *A l'étendard !* » Ce que Kastner hésitait à supposer était un fait certain. En un temps où presque pas une composition de quelque importance ne s'écrivait sans l'appui ou sans l'obligation d'un « thème donné », et où les contrapuntistes mettaient au contraire leur amour-propre à se reprendre l'un à l'autre un même dessin mélodique, pour le traiter différemment, Jannequin n'aurait eu garde de négliger l'emploi de motifs connus, qui offraient le double avantage de fournir une base à l'édifice vocal, et de frapper l'esprit des auditeurs, en leur rappelant des séries de sons familières et d'une signification très nette.

Un autre élément de la composition de Jannequin, qui a tout à fait échappé aux historiens, c'est l'usage des procédés du « Quolibet » pour effectuer le mélange réaliste des images comiques avec les sentiments héroïques. Sous le titre de *Quolibet*, de *Coq à l'âne*, de *Fricassée*, les musiciens de la fin du XVᵉ siècle s'étaient souvent amusés à écrire des morceaux burlesques, qu'ils formaient de commencements de chansons, brouillés et superposés sans suite et sans rapport de sujet ni quelquefois de langage. C'était pour les contrapuntistes un jeu piquant que d'assembler ces débris disparates et de les forcer à s'amalgamer ; et c'était, pour le public, une suite de

---

(1) On n'en signale cependant aucune copie dans les quelques manuscrits du commencement du XVIᵉ siècle qui ont été conservés. Le ms. 124 de la bibl. de Cambrai, où figure la Bataille, à 4 voix, est daté de 1542.

(2) KASTNER, *Manuel général de musique militaire*, Paris, 1848, in-4°, p. 93 ; *Les chants de l'armée française*, Paris, 1855, in-4°, p. 35 et suiv.

surprises bouffonnes, une excitation à ce rire intarissable, irrespec-
tueux, démesuré, qu'avait affectionné le moyen âge et dont ne faisait
point fi la société de la Renaissance (1).

Cette relation de *la Guerre*, de Jannequin, avec les traditions du
quolibet explique musicalement la multiplicité des thèmes que l'on
y voit se succéder et qui ne s'y développent pas rigoureusement en
contrepoint. Au point de vue littéraire, elle explique aussi l'incohérence du texte, fait d'exclamations, de cris de ralliement, de refrains
soldatesques, et d'onomatopées, et dont l'auteur aurait pu dire comme
celui de quelques couplets militaires du même temps :

> Celui qui ha faict la chanson
> Est un soudart, je vous asseure (2).

N'en déplaise aux amateurs de poésie, c'était cette incohérence
même, ce mélange confus de paroles interrompues et croisées, qui
permettaient à Jannequin d'imprimer à son œuvre ce cachet de vie
véritablement extraordinaire dont nous sommes frappés encore en
l'écoutant. Que l'on songe à ce qu'aurait été, au lieu de cet entre-
choquement impétueux de syllabes, une suite correctement ordonnée
de beaux vers : dans un « passage du Rhin » à la façon de Boileau,
les joyeuses, les intrépides petites mélodies de Jannequin se seraient
englouties, congelées, comme en une mortelle Bérésina !

Il faut nous représenter, au contraire, l'effet d'un tel texte et d'une

---

(1) Nous reviendrons quelque jour sur les quolibets, dont on trouve des
exemples nombreux au moyen âge et jusque vers 1550 chez les poètes,
comme Marot, et chez les musiciens de toutes nationalités. Les manuscrits
du XIII° au XV° siècle, et plusieurs imprimés du XVI°, en sont abon-
damment pourvus. Il suffira de rappeler ici les chansons à textes mélangés
qui ont été publiées par Morelot, *De la musique au XV° siècle,* notice sur
un ms. de la bibl. de Dijon, Paris, 1856, in-4°, p. 21 et ex. noté n° VI; par
Eitner, *Das deutsche Lied des XV. und XVI. Jahrhunderts,* t. I, Berlin, 1876,
in-8°, passim; par Otto Kade, *Mattheus Le Maistre, niederlandscher Tonsetzer,*
Mayence, 1862, in-8°, ex. notés n°s 16 et 17. — C'est dans un fragment de
quolibet, cité par Tinctor, que l'on a cru avoir retrouvé le prétendu texte
de la chanson de *l'homme armé,* dont en réalité n'existait là que les deux
premiers mots.

(2) Chanson sur le siège de Metz en 1552, publiée par Leroux de Lincy
dans son *Recueil de Chants historiques français* (le texte seul).

telle musique sur les contemporains de François Ier, sur les chevaliers qui fréquentaient chez le roi, entre une expédition militaire et un tournoi, sur les femmes accoutumées aux récits guerriers et aux spectacles des belles joûtes :

> Eux, dans l'emportement de leurs luttes épiques,
> Ivres, ils savouraient tous les bruits héroïques,
> Le fer heurtant le fer (1).

« Quand l'on chantoit, dit un contemporain, la chanson de *la Guerre* devant ce grand roi François, pour la victoire qu'il avoit eue sur les Suisses, il n'y avoit celuy qui ne regardast si son espée tenoit au fourreau, et qui ne se haussast sur les orteils pour se rendre plus bragard et de la riche taille » (2). Toute une époque historique revit donc dans cette chanson, une époque à la fois civilisatrice et barbare, dont nous avons quelque peine à embrasser d'un seul regard les deux faces opposées. En cédant au charme des poèmes raffinés et des musiques subtiles, nous risquons de nous isoler parmi le groupe des « intellectuels » de la Renaissance. Une œuvre telle que *la Bataille de Marignan* nous ramène dans le courant normal de la vie de ce temps, où l'on ne concevait pas que la culture des arts et le déploiement de la valeur militaire dussent mutuellement s'exclure.

La chanson de *la Guerre* est écrite à quatre voix et se divise en deux parties. La première débute par un exorde :

> Escoutez tous, gentilz gallois,
> La victoire du noble roy Françoys,

qui se déclame avec solennité, et s'inspire des anciennes *Passions* en musique (3), dans lesquelles le récit de la Passion et de la Mort du Sauveur était toujours annoncé d'une façon analogue par quelques

---

(1) Victor Hugo.

(2) Noel du Fayl, *Contes d'Eutrapel*, cité par Kastner.

(3) Cette remarque, qui a été faite par Otto Kade à propos de la *Battaglia Taliana* de Matthias Hermann, s'applique exactement à l'œuvre de Jannequin, qui a précédé l'autre et lui a servi de modèle. Voyez O. Kade, *Mattheus Le Maistre*, p. 17, et, pour les extraits notés de plusieurs Passions, le livre du même auteur, *Die ältere Passions komposition bis zum Jahre* 1631, Gutersloh, 1891, in-8°.

mesures préparatoires. Après ce bref appel à l'attention des auditeurs, commence la description des préparatifs de la bataille : invitation aux fifres et aux tambours de faire résonner leur musique guerrière, aux chevaliers et aux soldats de s'armer et d'enfourcher leurs montures, pour suivre le roi et l'étendard fleurdelisé. Entre les motifs employés dans cette première partie, plus d'un, qui peut s'abstraire aisément de l'ensemble, est évidemment emprunté soit à la musique et aux cris militaires, soit au chant populaire du temps. Ce dernier cas se présente entre autres pour le thème :

qui se reproduit à la fin de la même partie avec une terminaison différente :

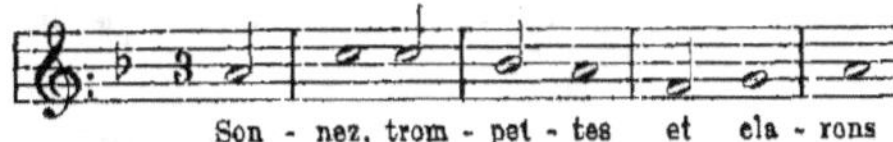

et dont la ressemblance est sensible avec le début de la chanson mentionnée précédemment :

chanson dont le second couplet renferme aussi les mots : « Sonnez, trompettes et clairons ». Les cris et les devises qui se superposent en une polyrythmie animée, un peu avant la fin de la première partie : « Alarme ! alarme ! — Suivez Françoys, le roi Françoys, — Suivez la couronne ! » — étaient sans nul doute quelques-uns des cris traditionnels qui formaient le fond de la « noise » des combats. C'est dans la seconde partie de sa chanson surtout que Jannequin utilise cet ordre de documents musicaux. Toute l'entrée, si amusante, de cette seconde partie, est construite sur une imitation vocale des batteries de tambours, qui s'épelaient encore, quatre-vingts ans plus tard, presque sur les mêmes syllabes : où Jannequin faisait chanter « frere-le-le, lan, fan, fan » :

l'*Orchesographie* prononce « fre... tere, tan » (1):

Immédiatement après, viennent les superpositions du « boute-selle »,
de « à l'estendard », et d'un premier motif de sonnerie, imité sur
« fa, ri, ra, ri, ra », et qui se développera plus loin. Reprenant le
rythme du tambour, Jannequin l'applique à un alerte dessin mélodique, que pose le ténor et que reprennent le supérius et l'alto (2):

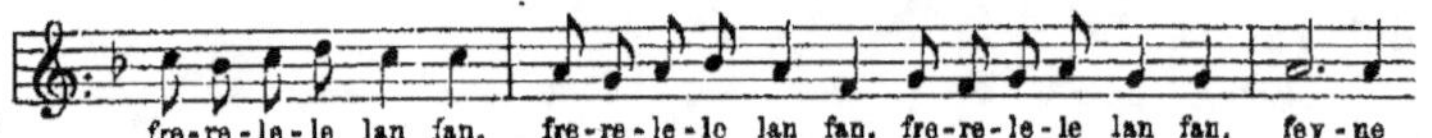

La mêlée devient furieuse ; les réponses pressées des voix, qui s'en-
chevêtrent en répétant de bizarres et rudes onomatopées, — pati,
patoc, pati, patoc, von, von, — imitent le fracas des coups sur les
armures, les heurts terribles du corps à corps. Du milieu de ce vacarme s'élèvent de brillantes fanfares qui, en passant d'une voix à
l'autre, parcourent toute l'échelle sonore, et dont l'élan communique
à l'œuvre une ardeur incroyable. On retrouvera note pour note chez
Matthias Hermann et plus tard chez Christophe Demant ce thème
de fanfare, à coup sûr littéralement tiré des refrains militaires ou
des morceaux sonnés par « les fifres et les saquebutes du roi ».
Pour connaître jusqu'où Jannequin poussait l'exactitude descriptive,
il faut remarquer que cette fanfare, distribuée entre les trois voix de
basse, alto et supérius, s'enroule autour d'un ténor qui reproduit,
sur la syllabe unique « pon, pon, pon », la batterie de tambour par-

---

(1) *Orchesographie et traicté en forme de dialogue...* par Thoinot arbeau, 1589,
fol. 12.

(2) Le groupe initial de ce dessin forme le début du " branle couppé de
la guerre „ noté au fol. 77 de l'*Orchesographie* et dont la terminaison
garde également le souvenir d'un autre thème de la chanson de Jannequin:
" tonnez, gros courtaux et faulcons „.

ticulière aux troupes suisses, celle que l'auteur de l'*Orchésographie* appelle « le tambour des Suysses », et qu'il rythme sur ce schéma (1):

noté par Jannequin sous la forme :

____

(1) *Orchesographie*, fol. 15 v°. — Nous réduisons les valeurs de moitié pour les ramener à la même expression que celles de Jannequin.

M. Brenet. 4

Aux fusées joyeuses de la fanfare reviennent bientôt se mélanger les
cris de guerre :

et les syllabes imitatives, « trique, trac, patac », symbole d'un dernier
et décisif assaut. Le passage du rythme binaire au rythme ternaire,
en valeurs élargies, marque la fin de l'action; l'alto, qui pour un
instant personnifie les troupes suisses en déroute, s'écrie dans un
jargon mi-français, mi-allemand : « Escampe, toute frelore » (1), et
les autres voix, très haut, très fort, très largement, proclament:
« Victoire, victoire, au noble roy Françoys ! »

Les récentes auditions qui ont été données de cette œuvre en ont
prouvé la vitalité: non-seulement par son côté amusant et pictural,
mais par le sentiment de puissance, de souplesse, d'esprit, en un
mot de véritable génialité, qui s'en dégage, elle produit sur le public,

---

(1) L'*Orchesographie*, fol. 38, donne les pas, sans la musique, d'une " basse
dance appelée toute frelore „ qui pouvait être imitée de ce passage de la
chanson de Jannequin.

toutes les fois qu'elle lui est convenablement présentée, une impression profonde (1).

Les contemporains de Jannequin ne s'y étaient pas trompés. L'œuvre avait obtenu près d'eux un succès que prouvent les éditions dont nous avons dressé la liste, l'arrangement à cinq voix de Philippe Verdelot, l'adaptation au texte de la messe (2), les transcriptions instrumentales, et les répliques ou les imitations données par Jannequin lui-même, par ses rivaux et par ses successeurs.

Le travail de Verdelot était une de ces sortes de gageures, coutumières aux maîtres du XVIe siècle, et par lesquelles ils se plaisaient à faire étalage de leur habileté (3). La cinquième voix qu'il joignit à « la Guerre » de Jannequin s'y ajoutait *si placet*; l'effet en parut si convenable, que le maître français lui-même l'emprunta à l'édition de Susato pour l'insérer en 1559 dans son *Verger* de musique (4). Dans cette nouvelle édition le texte littéraire avait aussi subi des modifications destinées à lui rendre de l'actualité. Au lieu des Suisses, il s'agissait de « mutins Bourguignons » et de « Hennuyers »; le nom de François Ier avait disparu, pour faire place à la simple mention du « grand roi des Français », qui pouvait

---

(1) Eitner s'est étrangement trompé en disant que " sa longueur la rend aujourd'hui à peine supportable „ (*Quellen-Lexikon*, t. VI, p. 274). Depuis les exécutions de Choron, dans son école, *la Bataille de Marignan* a été chantée à Paris dans l'un des concerts historiques de Fétis, puis dans les séances de la société que dirigeait le prince de La Moskowa, et à diverses reprises par les élèves de l'école Niedermeyer; en 1874, avec un succès éclatant, par la société chorale d'amateurs de M. Bourgault-Ducoudray (cfr., sur cette audition, dans la " Chronique Musicale „ du 1er février 1874, le compte-rendu enthousiaste de Henry Cohen, accompagné d'une réduction *pour piano seul* (!!) et d'une reproduction très peu correcte du texte littéraire de la chanson). Depuis 1894, l'œuvre a été interprétée fréquemment, à Paris, en province et à l'étranger, par les " Chanteurs de Saint-Gervais „, sous la direction de M. Ch. Bordes, et, en ces dernières années, par le " Quatuor Expert „, avec une merveilleuse perfection.

(2) Cet arrangement a été mentionné dans une note précédente.

(3) Nous verrons plus loin que Claude Le Jeune soumit une autre pièce de Jannequin, *le Chant de l'alouette*, à un semblable agrandissement, et y joignit non-seulement une cinquième voix, mais un couplet tout entier.

(4) C'est sous sa forme à cinq voix que " la Guerre „ de Jannequin a été réimprimée en partition par Franz Commer.

s'appliquer à Henri II ; et quelques retouches étaient encore opérées, qui effaçaient, avec les mots « Aventuriers, bons compaignons », un passage choquant du texte primitif.

Les transcriptions instrumentales de la célèbre chanson furent des réductions à l'usage du luth, qui commencèrent à paraître très peu d'années après l'apparition de l'œuvre originale. La plus ancienne de ces transcriptions (1) est celle du luthiste italien Francesco de Milano, qui parut, ainsi qu'un pareil arrangement du « Chant des oiseaux », en 1536, dans son premier livre d'*Intabolatura de leuto*, et fut réimprimé en 1546 et en 1563 (2). Dans l'intervalle avaient paru d'autres transcriptions. En 1544, Hans Neusidler avait inséré à la fois la « bataille française » et sa contrepartie, la « bataille de Pavie », dans son volumineux recueil de pièces notées en tablature allemande de luth (3). En 1550, le « Chant des oiseaux » et la « Bataille » reparaissent dans le *Tabulaturbuch* de Rudolf Wyssenbach, qui était une reproduction en tablature allemande de morceaux précédemment publiés en tablature italienne (4). En 1553, on trouve la chanson de « la Guerre » avec celle de « l'Alouette » dans le *Quart livre de tabulature de guitare* de Grégoire Braysing (5).

---

(1) M. Oswald Könte (*Laute und Lautenmusik bis zur Mitte des XVI. Jahrhunderts*, Leipzig, 1901, in-8°, p. 153) a publié en notation moderne, d'après le livre de chansons en tablature de luth d'Attaingnant, de 1529, une pièce intitulée " la Guerre „ qui n'a point de rapports avec celle de Jannequin, et semble être plutôt un air de danse.

(2) Sur Francesco de Milano et les éditions de son livre, cf. les ouvrages de M. O. Chilesotti, *Note circa alcuni liutisti italiani della prima metà del Cinquecento*, dans la " Rivista Musicale Italiana „, vol. IX, anno 1902, p. 36 et s.; *Francesco da Milano*, dans les " Sammelbände der Internationalen Musikgesellschaft „, t. IV, 1902-1903, p. 382 et s.; et, pour les arrangements par ce luthiste de la " Bataille de Marignan „ et du " Chant des oiseaux „, les volumes du même auteur, *Liutisti del Cinquecento*, Leipzig, 1892, in-8°, et *Saggio sulla melodia popolare del Cinquecento*.

(3) Sur les recueils de Neusidler, cf. l'article de M. Chilesotti, dans la " Rivista Musicale Italiana „, vol. I, 1894, p. 48 et suiv.

(4) Le livre de Wyssenbach eut deux éditions. Wasielewski, qui avait vu la première à la bibl. de Leipzig, déclarait " enfantines „ et " insignifiantes „ les deux transcriptions en question. Voyez Wasielewski, *Geschichte der Instrumentalmusik im XVI. Jahrhundert*, Berlin, 1878, p. 113.

(5) Bibl. Mazarine, à Paris.

En 1559, G.-C. Barbetta place dans son *Premier livre de tablature de luth*, imprimé à Venise, un « pass'e mezzo sopra la Battaglia », sorte de fantaisie sur quelques motifs du morceau (1). Rappelons encore que nous avons naguère signalé deux transcriptions de la « Bataille de Marignan », d'après l'arrangement à cinq voix, contenues dans un ms. de tablature de luth daté de 1598 (2).

Combien de cordes de luth durent se rompre ou se détendre sous les doigts d'exécutants belliqueux, qui s'illusionnaient en jouant, et croyaient entendre à travers les grêles vibrations de la « chanterelle » et du « bourdon », sonner les trompettes, hennir les chevaux, crier les hommes d'armes, et pleuvoir sur les cuirasses les coups d'estoc et de taille !

D'autres instruments permettaient au moins une dépense de bruit plus conforme au sujet du morceau. L'édition sans paroles qui fut donnée dans un recueil vénitien, en 1577, de « la Bataille » et du « Chant des oiseaux », pouvait s'adapter à différentes combinaisons instrumentales (3) ; et l'orgue, pour lequel en 1583 Jacob Paix arrangea aussi « la Guerre » (4), prêtait de son côté à des effets suffisants de sonorité.

Ce qui prouvait, en même temps, que le succès de la chanson de Jannequin, son excellence, c'est que, pour rivaliser avec lui sur le même terrain, d'autres compositeurs, qui n'étaient cependant dépourvus ni d'habileté, ni d'invention, n'imaginaient pas d'autre manière de concevoir et de réaliser un tableau musical semblable. La *bataglia taliana*, de Matthias Hermann, mise en regard de « la Guerre », de Jannequin, en est là très intéressante réplique musicale,

---

(1) Chilesotti, *Liutisti del Cinquecento*, p. 72 et suiv.

(2) V. notre *Notice sur deux mss. de musique de luth de la bibliothèque de Vesoul*, dans la " Revue Musicale „ ; décembre 1901 et janvier 1902, tomes I, p. 439 et II, p. 15. Nous avons mis en regard, dans cet article, le début de la chanson de Jannequin dans sa notation vocale et dans trois versions pour le luth.

(3) Musica de diversi autori, la Bataglia francese e la Canzon delli Ucelli, insieme alcune canzoni francese, partite in Caselle per sonar d'instrumento perfetto, novamente ristampate, in Venetia, appresso di Ang. Gardano, 1577. — V. le Catalogo... del Licéo musicale di Bologna, t. III, p. 201.

(4) Ritter, *Zur Geschichte des Orgelspiels*, Leipzig, 1884, in-8°, p. 129.

en même temps qu'au point de vue du contenu littéraire et politique, elle lui sert de réponse directe.

Matthias Hermann, surnommé Matteo Fiamengo, et que l'on a autrefois confondu avec Mattheus Le Maistre (1), avait succédé à Franchino Gafor dans les fonctions de maître de chapelle de la Cathédrale de Milan, le 5 janvier 1523, et s'appelait, d'après un texte des archives de cette église, « Hermanno Verecore, detto maestro Matthias Fiammengo », ou d'après le titre d'un de ses ouvrages : « Hermann Matthias Verrecorensis ». Le lieu d'origine désigné sous ces deux formes différentes n'a pas encore été identifié ; mais il ne peut y avoir aucune hésitation sur sa nationalité flamande, et le fait de sa nomination à Milan, dans le momeut où Lautrec et les Français venaient d'en être expulsés, suffisait à le ranger parmi les ennemis de la France. A ce titre, il devait avec empressement relever le gant jeté par Jannequin et répondre à la bataille de Marignan par une bataille de Pavie.

Comme la chanson du maître français, l'œuvre du compositeur flamand dut circuler en manuscrit avant que d'être imprimée : car c'était le 24 février 1525 que François Ier avait été vaincu et fait prisonnier, sous les murs de Pavie, et la plus ancienne édition aujourd'hui connue du morceau de Matthias ne fut publiée que vingt ans plus tard, en 1544, à Nuremberg, dans un recueil de Schmeltzel (2). En la même année, Neusidler en donna la réduction pour luth (3); en 1549 et 1552 parurent les deux éditions vénitiennes, intitulées : *la Bataglia Taliana, composta da M. Mathias Fiamengo, maestro di Capella del Domo di Milano. Con alcune Villotte piacevole novamente con ogni diligentia stampate et corrette. A quattro voci.*

---

(1) Otto Kade est tombé dans cette erreur, dans son livre d'ailleurs si intéressant sur *Mattheus Le Maistre, Niederländischer Tonsetzer*, Mayence, 1862, in-8°.

(2) *Guter seltsamer und Kunstreicher teutscher Gesang, sonderlich etliche kunstliche Quodlibet, Schlacht, und dergleichen, mit vier oder funff Stimmen, bisher in Truck nicht gesehen...*, Nurnberg, Petrejus, 1544. — Bibl. de Berlin et de Munich. — Cf. Eitner, *Bibliographie*, p. 86; *Quellen-Lexikon*, t. IX, p. 32; *Monatshefte für Musikgeschichte*, t. III, 1873, p. 201.

(3) V. plus haut, la mention de cette transcription.

In Venetia, apresso di Antonio Gardano, 1549 (1). — Gardano, qui avait publié, cinq ans auparavant, une édition de la « Bataille » de Jannequin (2), disait dans la dédicace de ce recueil qu'ayant entendu chanter par messer Sebastiano et ses compagnons une bataille française, il s'était résolu à publier une bataille italienne « composta dall'eccelente M. Matthias » (3).

Une note de l'édition de Nuremberg (1544) assure que Matthias Hermann avait été le témoin oculaire de la bataille (4) ; en ce cas il devait être l'auteur des paroles en même temps que de la musique ; mais, chose remarquée déjà précédemment à propos d'une réédition de la *Bataille de Marignan*, les deux éditions de la *Bataglia Taliana* présentent des divergences de textes. Dans le recueil de Schmeltzel, sont nommés Prosper Colonna et le marquis de Peschiara, dont il n'est plus question dans l'édition de Gardano : celle-ci attribue tout l'honneur de la victoire au seul duc de Milan ; cette flatterie à l'adresse de Francesco Sforza s'expliquerait par la situation de Matthias à Milan : mais elle pouvait aussi être le fait de Gardano, dont l'on sait qu'il choisissait et publiait souvent sans la participation des auteurs, les pièces qui formaient ses recueils.

Quoi qu'il en soit du texte de la « Bataille italienne », la musique en est très remarquable, et si Matthias Hermann n'ajoute pas de couleurs nouvelles à celles de Jannequin, s'il emprunte même à ce dernier exactement sa palette, du moins sait-il se servir des procédés descriptifs et de plusieurs des motifs mélodiques ou rythmiques de

-----

(1) De l'édition de 1549, la bibl. de Wolfenbuttel possède un ex. complet, et le Liceo musicale de Bologne les parties de ténor, alto et basse ; de l'édition de 1552, on trouve à la bibl. roy. de Munich un ex. complet, à la bibl. roy. de Bruxelles les parties de Soprano, alto et basse ; au Liceo musicale de Bologne, l'alto, seul.

(2) V. ci-dessus, au catalogue des éditions de Jannequin, le n° 6.

(3) Cf. le texte de cette dédicace dans le Catalogo ... del Liceo musicale, vol. III, p. 243. Le chanteur désigné par Gardano pouvait être le ténor appelé Sebastianus, en 1545, dans les registres de la chapelle pontificale. Voyez Haberl, *Bausteine für Musikgeschichte*, t. III, Leipzig, 1888, p. 125.

(4) " Matthias Herman Verrecoinsis, qui et ipse in acie miserrima quæque vidit, obiter me composuit „. Cette note a été citée par Eitner, *Bibliographie*, p. 712.

son prédécesseur, avec une telle adresse et une telle sûreté, qu'il parvient presque à créer une œuvre originale (1).

Comme Jannequin, il débute par un exorde qui invite les seigneurs italiens à écouter le récit de la victoire du duc de Milan. Les cris : « all'arm', all'arm' », le « boute-selle », l' « étendard », retentissent ; des notes lourdes, répétées, imitent le bruit continu du pas des hommes et des chevaux, et le brillant thème de fanfare qu'on a vu, chez Jannequin, monter d'une voix à l'autre, résonne chez Matthias, presque sans changement, au milieu de nouveaux rythmes, de nouvelles combinaisons :

(1) Otto Kade, qui a cru reconnaître en Matthias Hermann le même artiste que Mattheus Le Maistre, a commenté la Battaglia Taliana aux pages 14 et suiv. de son livre déjà cité, et a publié dans l'appendice musical la première partie du morceau, mise en partition d'après l'exemplaire de 1552 qui est à la bibl. de Munich. — C.-F. Becker a connu la *Bataille de Pavie* par une copie datée de 1558, où elle figure sans nom d'auteur, sous le titre latin de " Conflictus ad Ticinium „, avec le texte des éditions de Gardano. Voyez C.-F. Becker, *Die Hausmusik in Deutschland*, Leipzig, 1840, in-4°, p. 41. — Kade et Becker regardaient tous deux le *Dixiesme livre*, de Susato, de 1545, comme la première édition de la *Bataille de Marignan*, et n'ont vu ni l'un ni l'autre jusqu'à quel point Matthias Hermann procède de Jannequin.

Il est impossible de ne pas, un peu plus loin, se souvenir encore de Jannequin, lorsqu'on voit Matthias adopter, — comme son prédécesseur avait fait dans le passage : « Aventuriers, bons compagnons », — un dessin en rythme ternaire, avec le premier temps appuyé, et le mouvement tout-à-coup ralenti, pour interpeller les gens d'armes. Bientôt après, les onomatopées imitatives apparaissent, « tric, trac, tof, lure, ture, lof ». Dans la seconde partie, le musicien brouille à dessein les idiomes pour dépeindre plus fidèlement un combat auquel avaient pris part des contingents français, italiens, espagnols, suisses et allemands. L'alto chante en français, puis en italien, alternativement, les deux cris de guerre « France ! France ! » et « Marco ! Marco ! », ce dernier, habituel aux troupes vénitiennes, puis des motifs tels que :

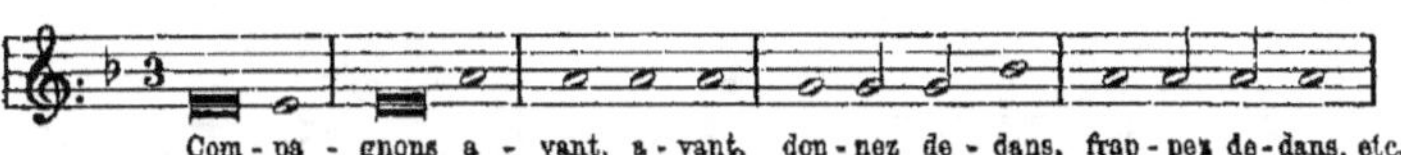

La grande gamme que Jannequin avait fait gaiement monter redescend chez Matthias, et cette descente, ce thème retourné *à l'envers* (1), survient certainement avec intention :

______

(1) Dans le second acte de " *Parsifal* „, au moment où Parsifal renversé le château de Klingsor en traçant d'un geste, avec sa lance, le signe de la croix, Wagner fait entendre dans l'orchestre le thème retourné du magicien. — Dans " *Ascanio* „, M. Saint-Saëns, ainsi qu'il a pris soin lui-même de l'expliquer, a renversé le " motif du travail „ et le " motif du maître „, pour montrer " que Pagolo a travaillé en dépit du bon sens, (Voyez M. KUFFERATH, " *Parsifal* „, *de Richard Wagner*, Paris, 1890, in-8°, p. 263 ; CH. MALHERBE, *Notice sur* " *Ascanio* „, *opéra de C. Saint-Saëns*, Paris, 1890, in-8°, p. 16). Sans s'en douter, Wagner et M. Saint-Saëns reprenaient un artifice ancien des ingénieux contrapuntistes du XVIe siècle.

peu d'instants avant qu'on entende proférer les premiers cris de victoire :

Comme l'auteur de la *Bataille de Marignan* avait fait dire aux Suisses défaits : « Escampe, toute frelore », l'auteur de la *Bataille de Pavie* met sur les lèvres des Français une exclamation de détresse (1) :

Quoique avec cette phrase et celles qui la suivent : « Hai, poltroni, hai, bottiglioni, gl'han pur persa la giornata », l'action soit terminée, Matthias ne clôt pas ici son œuvre, et après une pause il fait recommencer une troisième partie, où se succèdent de plus belle les cris « su, su, ogni alemano, — su, alabardieri » — les lambeaux de phrases allemandes, les syllabes imitatives, les fanfares ; enfin tout cède au cri : « vittoria ! vittoria ! » et la péroraison exalte le nom du duc de Milan.

Le type fixé par Jannequin dans la *Bataille de Marignan*, imité par Matthias Hermann dans la *Bataille de Pavie*, devint tellement classique, que ce fut à peine si Christophe Demant, pour célébrer la reprise de Raab sur les Turcs, en 1598, essaya de le modifier. Son œuvre, offerte en présent d'étrennes aux magistrats de Breslau, en 1600, et imprimée la même année à Nuremberg sous le titre de

---

(1) A cause, peut-être, du mot " astur „ qui représente par contraction " à cette heure „, Otto Kade a imaginé de voir dans cette phrase " un texte d'origine provençale „.

Tympanum militare (1), était écrite à six voix, que pouvaient exécuter « les voix humaines et toutes sortes d'instruments », et se di-
visait en quatre parties successives. L'exorde débutait par une invocation à la musique, requise de fêter joyeusement cette victoire
chrétienne ; ensuite venait l'appel obligatoire à l'attention de l'au-
ditoire. La description de la lutte contenait les formules habituelles,
et toute sa terminaison reposait sur le thème déjà traité par Jannequin et Matthias Hermann :

L'œuvre de Demant se distinguait des précédentes par l'addition
finale d'un quatrain religieux :

> O Jesu Christe, dein Gewalt
> Preisen wir all so mannigfalt, etc. (2).

Encore quelques années plus tard, un autre musicien allemand,
Thomas Mancinus, se conformait au même modèle, et composait sa
Bataille de Sievershausen expressément « dans le style de la *Ba-
taille de Pavie* », — et par conséquent, de Jannequin (3).

---

(1) Une seconde édition du *Tympanum militare*, augmentée de nouveaux
morceaux, parut en 1615. — Pour le titre complet et l'analyse de cette
œuvre, voyez E. Bohn, *Bibliographie der Musikdruckwerke bis 1700*, etc.,
Berlin, 1883, in-8°, p. 110, et l'étude de Reinhard Kade sur Christophe
Demant, dans la " Vierteljahrsschrift für Musikwissenschaft „ tome VI, 1890,
p. 482 et p. 509.

(2) Une autre particularité est la présence, dans l'imprimé allemand,
d'une seconde version abrégée du même morceau, sur des paroles latines,
avec le titre: " Praelium Ungaricum, Divo Imperatori Rodolpho II decan-
tatum „.

(3) *Die Schlucht für Sivershausen... nach Art der Schlacht für Pavia, mit
vier Stimmen...* durch Thomas Mancinus, Helmstadt, 1608. — On ne connaît
aujourd'hui de cet ouvrage que la seule partie d'alto, dont un exemplaire
existe à la bibl. de Wolfenbüttel. Le morceau est divisé en trois parties. —
Voyez Eitner, *Quellen-Lexikon*, t. VI, p. 296. La bataille choisie par Mancinus était une victoire remportée en 1553 par l'électeur de Saxe sur le
margrave de Brandebourg.

Le maître français, en continuant lui-même d'exploiter la veine des batailles, avait essayé d'en renouveler les formes. La pièce à quatre voix, en deux parties, qu'il écrivit sur « la prise et réduction de Boulogne », et qui fut publiée pour la première fois en 1551 (1), était une chanson sérieuse, sur deux strophes régulières de huit vers décasyllabes, qui exhortaient les habitants de Boulogne à rentrer sous l'obéissance du roi de France, Henri II, et à fêter son entrée par le bruit guerrier des canons, des fifres, des tambours, des trompettes. Aucune description réaliste ne pouvait y tenir place.

Avec la chanson en deux parties intitulée la *Bataille de Metz*, qui célébrait l'échec de Charles-Quint sous les murs de cette ville en 1552, et qui fut imprimée en 1555 (2), Jannequin tentait de concilier les deux genres, et, chose très importante à remarquer, d'associer aux voix les tambours et les trompettes. La première partie commençait par les vers :

> Or sus, branlés la teste en haut, en haut.
> Que vostre poil par grant fureur se dresse.
> Monstrez, Français, maintenant vostre adresse,
> Enflez le cueur pour frapper comme il faut.

Après avoir ensuite invoqué toutes sortes de divinités mythologiques, Neptune, Jupiter, Mars, Pluton, le texte devient descriptif et se mélange d'onomatopées : « Doubles canons, bruyez, tonnez, teu, teu, teu, brededou, flique, flaque, pati, patac », etc. C'est dans le courant de ce couplet que les instruments interviennent, séparément des voix et alternativement avec elles, le « tambour des Suisses » et les « trompettes » venant couper la chanson de courts épisodes, notés sans paroles. La seconde partie du morceau, qui abonde en effets imitatifs vocaux, ne réserve plus de place à ces brèves démonstrations de musique militaire, qui sont absentes aussi de la *Bataille de Renty* (3). Celle-ci, que Jannequin publia dans son *Verger de mu-*

---

(1) Voyez ci-dessus, au catalogue, les n°s 8 et 13.

(2) Ibid., n°s 9 et 13.

(3) Nous ne contredisons pas à l'opinion d'après laquelle l'exécution des œuvres polyphoniques vocales du XVIe siècle aurait comporté quelquefois un appoint instrumental. Mais la séparation expresse, dans la " bataille de

sique, en 1559, est une chanson guerrière, une œuvre de circonstance, comme la *Prise de Boulogne* et non pas une composition descriptive. Son unique strophe, qui commence:

> Branlez vos piques, soldats,
> A cheval tost, mes gens d'armes,

ne manque pas de mentionner le dieu Mars, mais se termine dévotement, — chose unique parmi les batailles de Jannequin, — par une invocation religieuse:

> Sus donc, prions notre Sauveur
> Nous y donner telle faveur
> Que le tout soit fait à sa gloire.

Jannequin vivait encore lorsque le duc de Guise reprit Calais, en 1558: ce ne fut pas lui cependant, mais Guillaume Costeley, qui composa sur ce succès des armes françaises une chanson à quatre voix, imprimée dans ses œuvres en 1570 (1). Cette pièce, intéressante surtout au point de vue historique, se divise en quatre parties suc-

---

Metz „ de Jannequin, des phrases réservées aux voix, et de celles destinées aux instruments, nous semble un argument probant pour soutenir que les œuvres où ne se remarquent pas des mentions semblables étaient des œuvres purement vocales. Si certaines réunions de musiciens les interprétaient autrement, si quelques éditeurs, pour mieux en assurer la vente, les garantissaient au titre " convenables tant aux instruments qu'aux voix „, les mélanges arbitraires qui pouvaient s'effectuer ne résultaient pas de la volonté des compositeurs, mais d'une permission tacite qu'ils étaient forcés d'accorder. Les " arrangements „ de tous genres que publient de nos jours les éditeurs d'une œuvre à succès, et ceux que se permettent, de leur propre autorité, les amateurs, ne sauraient être donnés pour la règle générale de notre culture musicale moderne: ils ne sont cependant que la simple continuation des usages tolérés au XVIe siècle, et que l'on essaie maintenant de nous représenter comme le fond des concerts de la Renaissance.

(1) L'unique exemplaire connu de la *Musique de Guillaume Costeley* est à la bibl. Ste Geneviève, à Paris. M. Henry Expert en a réédité une grande partie dans les livraisons 3, 18 et 19 de sa collection bien connue et plusieurs fois citée dans cette étude, *les Maîtres musiciens de la Renaissance française*. Les pièces sur " la Guerre de Calais „ et " la Prise du Havre „ sont aux pages 12 et 50 de la 19e livraison. L'exemple musical cité ci-après est emprunté à la p. 15 de cette 19e livraison.

cessives, de peu d'étendue, qui se répondent en une sorte de dialogue, où la ville de Calais prend elle-même la parole. Le morceau initial, le plus développé des quatre, offre seul quelques intentions descriptives, non pas tant dans le couplet inévitable qui invite les canons, les tambours, les clairons, à « bruire », que dans le passage où les mots « renversez les remparts » sont traduits par des gammes descendantes, — un exemple entre mille des petits procédés de « peinture musicale » usités par les maîtres du XVIᵉ siècle :

Costeley écrivit encore sur la prise du Hâvre (1564) une longue pièce à quatre voix divisée en six couplets dont les textes forment également une sorte de dialogue, le premier s'adressant au roi, le suivant aux ennemis de la France, le quatrième exprimant les supplications des habitants du Havre, et la « suitte dernière » étant un chant d'actions de grâces pour la victoire obtenue.

Quelques autres batailles ne doivent pas être oubliées. Un manuscrit de la bibliothèque de l'Université de Bâle, exécuté dans la seconde moitié du XVIᵉ siècle, en contient deux, sans texte et sans noms d'auteurs, distinguées à la table des matières par les épithètes « la courte » et « la longue » (1), — pièces « plus simples » nous

---

(1) J. Richter, *Katalog der Musik-Sammlung auf der Universitäts-Bibliothek in Basel*, Leipzig, 1892, in-8°, p. 69 et suiv.

apprend M. Karl Nef, moins intéressantes que *la Guerre* de Jannequin, et ne consistant guère qu'en imitations du bruit des trompettes (1). Nous ne pouvons citer que le titre d'une « battaglia moresca », à quatre voix, en deux parties, insérée en 1546 dans le second livre de madrigaux d'Anselme de Reulx, dont on ne connaît plus que le seul *bassus*, au Liceo musicale de Bologne (2). Peut-être était-ce une pièce comique, comme la bataille villageoise de Tomaso Cimello, qui figure dans ses *Canzone villanesche*, imprimées en 1545 (3). Une « battaglia a 6 » d'Ivo de Vento, qui commence par les mots « Cando la bun caval », est mentionnée dans le premier livre des *Gregesche*, composées par plusieurs musiciens sur les poésies de Manoli Blessi, et publiées par Antonio Gardano, en 1564 (4).

Nous retrouvons, avec la « guerre marine » de Desbordes, une pièce conforme aux traditions de Jannequin. Ce morceau d'un musicien français inconnu est contenu dans le *Onziesme livre de Chansons à quatre et cinq parties de plusieurs autheurs. Imprimé en quatre volumes. A Paris. 1573. Par Adrian Le Roy et Robert Ballard.* Nous n'en connaissons que le volume de Supérius (5) : aucun jugement ne peut donc être porté sur le mérite musical de l'œuvre : mais son contenu littéraire, ses dimensions et son plan se trouvent

----

(1) Karl Nef, *Schlachtendarstellungen in den Musik*, dans " Die Grenzboten „, 1904, t. III, p. 282.

(2) Catalogo del Liceo musicale, t. III, p. 159. — Vogel, " Bibliothek „, t. II, p. 128.

(3) Vogel, ibid., t. I, p. 173.

(4) Vogel, ibid., t. II, p. 405.

(5) Nous n'avions pas encore vu cet exemplaire, à la Bibl. Nationale de Paris, lorsque, dans notre étude bio-bibliographique sur Claude Goudimel (Besançon, 1896, p. 43) nous avons suivi la description fautive que R. Eitner avait donnée du *Onziesme livre* dans sa *Bibliographie*, p. 179 et p. 607-608. Ayant mal lu la table du recueil, Eitner a confondu l'ordre des titres et sous-titres des morceaux, et appliqué à deux chansons de Goudimel (*Du jour que je fus amoureux*, et : *Tu me fais mourir*) les titres de *Chasse de la perdrix* (qui appartient à la pièce de Delafont : *As-tu point là quelque espervier*) et de *Guerre marine* (qui désigne la chanson de Desbordes). On voudra bien tenir cette note pour un erratum à notre brochure. — Ajoutons que Eitner s'est également trompé en plaçant à la pièce : *Qui veut ouïr chansonnette*, le titre de *Chant du rossignol*, qui est réservé à la chanson de Certon : *En escoutant le chant melodieux*.

du moins indiqués. Dans sa première partie, cette chanson paraît
purement lyrique, et a pour texte une assez longue suite de vers
décasyllabes, commençant ainsi :

> Sus, matelotz, voicy la guerre ouverte,
> Gaingnons la mer avec ses apparaux.
> Ne craignons rien, la navire est couverte,
> Boutons dessus à travers de ces eaux.

La seconde partie rentre dans le genre imitatif et donne la description
d'un combat naval, en usant des termes spéciaux à la marine, et de
quelques onomatopées :

> Montez là-haut, gettez potz à feu bas,
> Lances à feu, grenades, fauces lances
> Gettez moy leurs matz bas,
> Patic, patac, aborde, aborde, etc.

Les derniers vers décrivent l'abordage et le pillage du vaisseau
ennemi :

> Sautez dedans, le pillage est à vous,
> Pillez, tuez, tout ceci soit à nous,
> Enseigné, sus, nous avons icy prise.
> Allons, tyebord et babort,
> Amis, tout est à nous jusques à la chemise.

Pour ne pas franchir la limite du XVIᵉ siècle, nous ne citerons
plus que la composition d'Andrea Gabrieli : *Sento un rumor*, à huit
voix, en deux parties, publiée en 1587, après la mort de l'auteur,
dans les *Concerti* d'Andrea et Giovanni Gabrieli (1). C'est une bril-
lante pièce vocale, où le maître vénitien s'attache d'abord à décrire
l'approche d'une armée ennemie : une rumeur lointaine, qui trouble
l'air et fait trembler la terre. L'effet de rapprochement est rendu
non-seulement par les nuances dynamiques, — que la notation du
XVIᵉ siècle n'indiquait pas, et qui étaient sous-entendues, ressortant
du sens des paroles et de la composition, — mais par d'ingénieuses

------

(1) Vogel, " Bibliothek „, tome I, n. 252. — Ce morceau a été publié
en partition dans le *Recueil* du prince de La Moskowa, tome XI, p. 389.

recherches mélodiques, par le mouvement, la direction, la compli-
cation des dessins, par de petits détails de peinture musicale souli-
gnant des mots tels que « e scorrendo veloce » ; jusqu'à ce que, l'ennemie étant reconnu, le danger proche, de toutes parts s'entendent
les cris : « all'arme ! all'arme ! » et le roulement des tambours, imité
par les voix de basses sur les syllabes « dobbe, dob ». La seconde
partie, qui débute par les mots : « alla battaglia ! » pourrait être
définie : une pièce belliqueuse, plutôt que tout-à-fait descriptive,
puisque, sauf un épisode où les voix imitent des appels de trompettes :

Gabrieli insiste moins que ses prédécesseurs sur les effets pittoresques.

L'auteur d'un article récent sur les batailles en musique, Mme Elsa
Bienenfeld (1), a manqué de justice envers les compositeurs du
XVIe siècle, lorsqu'elle leur a reproché de n'avoir visé qu'à des
descriptions réalistes, et d'avoir négligé ou ignoré le côté synthé-
tique et abstrait de l'idée de combat. Cette critique, spécieuse en
apparence, et à laquelle des auditeurs modernes pourraient être tentés
de souscrire, doit être repoussée, par le seul résultat de l'examen
historique, et en laissant de côté les considérations esthétiques qui
ne pourraient reposer que sur des comparaisons avec des œuvres
postérieures, et sur des préférences personnelles. Lorsque les maîtres
du XVIe siècle achevaient de donner corps aux tentatives réalistes
des contrapuntistes du moyen-âge, l'art de la fugue et celui du développement de deux thèmes opposés, qui en est issu, n'avaient pas
encore été découverts ; et si l'habileté de ces maîtres était sans bornes
dans la disposition, le morcellement, la variation d'une mélodie, dans
sa répétition, sa disposition canonique entre plusieurs voix, sa dé-
composition rythmique et la combinaison de ses fragments en poly-
phonies merveilleuses, cependant ils ignoraient les ressources de
l'antithèse et des contrastes nés de l'opposition de deux *sujets* dis-

---

(1) ELSA BIENENFELD, *Uber ein bestimmtes Problem der Programm-musik*,
dans le " Bulletin mensuel de la Société internationale de musique „
t. VIII, 1906-1907, p. 163 et suiv.

M. BRENET.   5

tincts. Si donc ils s'imposaient un programme descriptif, ils envisageaient la nécessité de créer en musique un langage spécial et des procédés de composition différents de ceux qu'ils employaient, dans le motet et la chanson, pour rendre des sentiments généraux. Les moyens entrevus par les premiers auteurs de pièces pittoresques, adoptés et poussés à un degré extraordinaire d'adresse et d'invention par Jannequin, constituaient ce langage spécial, qui répondait à la fois aux exigences d'un but artistique nouveau, et aux idées générales de l'époque. On n'en était arrivé, au temps de François Ier et de Charles-Quint, ni à philosopher sur la guerre, ni à se questionner profondément sur la nature, et la réalité des faits s'imposait davantage aux esprits que les entités philosophiques. Sans doute, Mars, Bellone, Cybèle et Pan, figuraient, par habitude, dans le vocabulaire poétique ; mais un artiste chargé de commémorer le souvenir d'une bataille n'avait cure des allégories ; il peignait ce qu'il avait vu : des hommes et des chevaux bardés de fer, emportés par un élan furieux, se ruant aux assauts meurtriers, aux combats corps à corps ; des forêts de flèches obscurcissant l'air ; des barrières de piques, où l'héroïsme d'un Winkelried faisait une trouée. La vérité du tableau suggérait d'elle-même les idées d'action et de mort, de cruauté et de courage, de gloire et de sacrifice, de dévouement suprême au roi et à la patrie, qu'entraîne avec soi le concept de la guerre. Puisque, à ces images visuelles, correspondaient les souvenirs auditifs d'une clameur formidable, faite de mille bruits sauvages, le musicien, comme le sculpteur ou le peintre, n'avait qu'à transposer dans son œuvre l'écho vivant du combat. Les batailles en musique écrites au XVI° siècle étaient *nécessairement* des œuvres réalistes.

Pour les mêmes raisons, c'étaient aussi nécessairement des œuvres réalistes, que les chansons de chasse, les chansons de la rue, les chansons des oiseaux, dont il nous reste à parler, un peu plus brièvement que nous n'avons fait des chansons de batailles.

III.

La peinture d'une chasse ne devait guère moins plaire que celle d'un combat aux hommes du XVIᵉ siècle. Avides de tous les exercices violents, ils trouvaient leurs propres sentiments exprimés dans ces vers, par lesquels commençait la seconde partie de « la Chasse » de Jannequin :

> Sur tous soulas, plaisir et liesse,
> Sur tous souhaitz qu'amour pourchasse,
> Tous esbatz qui sont en noblesse,
> Sur tous deduitz, n'est que la chasse.

Et c'était une joie pour eux que de reconnaître au passage tous les termes de vénerie, d'entendre le roi et le « grand sénéchal » se répondre, les veneurs se donner rendez-vous aux carrefours connus de la forêt de Fontainebleau :

> Vous prendrez chacun vostre limier :
> La Roche, Plexis aurez pour compaignon,
> Vous irez destourner au rocher d'Avon.
> Oudart et Britonnière,
> Faictes la Croix du Vaucervelle ;
> L'enseigne aussi, Brunière,
> Qui avez tres bonne cervelle
> Vous irez à la croix du grand Veneur,

— puis, les chasseurs et les valets nommer, exciter, pousser ou retenir les chiens:

et les chiens eux-mêmes aboyer, tandis que le cerf s'enfuit et que la chasse galope sur ses pas:

Le moment où le cerf « tient tête », celui où il est « aux abois », sont dépeints par un redoublement d'onomatopées, et de notes pressées et redoublées; sa mort, par de longues tenues qui s'étalent tout-à-coup, bruyantes et solennelles.

En le voyant si attentif à souligner les locutions usitées dans une chasse à courre, on ne peut douter que Jannequin n'ait introduit dans ce morceau des motifs conventionnels, dont le souvenir adroitement invoqué devait imprimer à son œuvre un cachet frappant de réalité.

De tout temps une musique spéciale avait accompagné le passe-temps, réputé noble, de la chasse, et le vacarme même de la meute paraissait harmonieux à un veneur. On a cité souvent les jolis vers par lesquels, sous le règne du roi Jean, Gaces de la Buigne comparait les aboiements des chiens à une pièce polyphonique, en se servant des termes musicaux pour les décrire, et en assurant qu'aucun répons ou alleluia, fût-il interprété par les chantres de la chapelle du roi, n'en pouvait égaler l'agrément. Dans le chœur des chiens, disait-il,

> Les uns vont chantant le motet,
> Les autres font double hoquet.
> Les plus grans chantent la teneur,
> Les autres la contre-teneur;

> Ceux qui ont la plus clere gueule
> Chantent la tresble sans demeure,
> Et les plus petits le quadrouble
> En faisant la quinte surdouble (1).

. . . .

Un autre rimeur du XIVe siècle, Hardouin de Fontaines-Guérin, dans son *Trésor de Vénerie* (2), enseigne la science de corner

> En tant de guises, comme il faut
> Corner en chasse, sans deffaut,

et donne, avec une notation spéciale, l'explication des quatorze « cornures » en usage dans sa province, qui était l'Anjou et le Maine: le répertoire des chasses en France s'en écartait peu, paraît-il; le cor, qu'il fût d'airain, d'argent ou d'ivoire (l'oliphant du moyen âge), ne fournissait qu'un son unique, et c'était par la différenciation des valeurs de durée, par le rythme, que se distinguaient les « cornures », composées chacune d'une, deux ou trois « haleinées ».

Le dessein de rappeler ces rythmes familiers se fait constamment reconnaître à travers l'œuvre de Jannequin, par la fréquence des phrases débitées sur une seule note. Lorsque, par exemple, on entend le superius chanter:

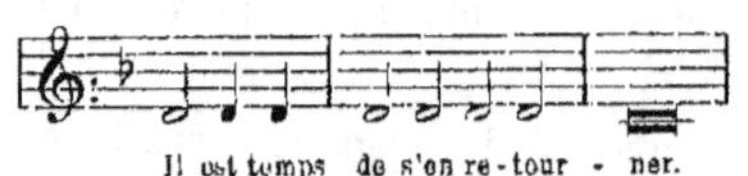

on se souvient de la « cornure de mescroy », qui se sonnait en cas de méprise, pour retourner sur ses pas, et dont la première « haleinée » se composait de deux sons courts suivis de cinq longs. La « cornure de chasse » surmonte au superius le chœur formé des

---

(1) Henri d'Orléans, *Notes et documents relatifs à Jean, roi de France,* dans les "Miscellanies of the Philobiblon Society ,, t. II, 1855, p. 174. — *Histoire littéraire de la France,* t. XXIV, p. 751.

(2) *Trésor de Vénerie,* composé l'an 1394 par Hardouin, seigneur de Fontaines-Guérin, et publié pour la première fois par H. Michelant. Metz, 1856, in-8º.

aboiements des chiens. L'historien qui chercherait à pénétrer les
origines de la musique cynégétique trouverait donc dans « la Chasse »
de Jannequin des documents analogues à ceux que renferme, pour
la musique militaire, sa « Bataille de Marignan ».

La « Chasse » du maître français n'obtint pas le succès réservé
à ses autres compositions descriptives. Elle ne fut pas, comme « la
Guerre » et « le Chant des oiseaux », plusieurs fois réimprimée, et
l'on n'en connaît point de transcriptions instrumentales. A cause,
en grande partie, de ses longs développements (1), elle produit sur
nous une impression de monotonie. Mais, d'autre part, nous sommes
frappés d'y voir le musicien s'attacher de très près au sens des paroles, qu'il cherche évidemment à rendre intelligibles à l'auditeur,
plus que l'on ne s'en souciait alors dans les chansons polyphoniques.
La netteté du tableau retracé devient telle, que l'on peut, pour ainsi
dire, en imaginer la mise en action ; et il serait extrêmement curieux
de tenter aujourd'hui de cette Chasse une exécution dialoguée, qui,
sans porter atteinte à l'intégrité du texte musical, et simplement
par l'emploi raisonné, selon le contenu des paroles, d'un chœur, et
de quelques solistes, parviendrait sans nul doute à des effets sur-
prenants de vie et de vérité.

D'autres Chasses furent imprimées après celle de Jannequin. Le
second livre du grand recueil de Forster, qui parut en 1540 (2), contient, sous le n. 31, un lied anonyme à quatre voix, divisé en trois
parties, « Wohlauf, jung und alt », dans lequel sont décrites les péripéties d'une chasse au cerf. Les voix, en répétant « wuff, wuff »,
imitent tantôt les aboiements des chiens et tantôt le galop du cerf
et des chevaux, « wuff, wuff, da lauft der edel Hirsch ».

---

(1) Dans la réédition de M. Expert, " la Chasse „ occupe quarante pages,
tandis que " la Guerre „ et " le Chant des oiseaux „ sont contenus chacun
en trente pages.

(2) Voyez Eitner, *Bibliographie*, p. 64. — Une réimpression des textes
littéraires du recueil entier a été publiée sous son titre original, *Guter
frischer teutscher Liedlein*, etc., dans les " Neudrucke deutscher Littera-
turwerke des XVI. und XVII. Jahrhunderts „, nᵒˢ 203-206, Halle, 1903, in-8º.

Une édition en partition moderne du second livre a été donnée par Eitner
dans les " Publikationen älterer Musikwerke... hrsg. von der Gesellschaft
für Musikforschung „, tome XXIX, in-fol., 1905.

Deux « Chasses du lièvre » à quatre voix, l'une anonyme et l'autre inscrite sous le nom de Nicolas Gombert, sont, comme il a été dit précédemment, contenues dans le *Dixiesme livre* de chansons, imprimé par Tylman Susato, en 1545 (1). Chaque éditeur s'appliquait à mettre au jour une série de recueils analogues, sous une numérotation propre. Le *Onzième livre* du recueil de Le Roy et Ballard, qui porte la date de 1573 et dans lequel nous avons fait plus haut remarquer la présence d'une « Guerre marine » de Desbordes, contenait, sous le nom également obscur de Delafont, une « Chasse à la perdrix », qui commence par les mots: « As-tu point là quelque espervier prêt à voller ? ». Le texte, comme il faut s'y attendre, ne manque pas de reproduire les cris des fauconniers et les noms de leurs oiseaux: « Or sus, Espagnol, en avant, vole, vole ! Ha, ha, hare, Satin ! hare, Tanné ! aussi Diamant, là, mon amy ! ha, Camelot ! hare, voy le cy, vrr, là, là, là, tien cy, tien là ! il pille, il pille, mon oiseau ! ». La fin est très prosaïque :

> Monsieur, voylà le perdriau.
> Il en a pris, me semble, assez,
> Allons en, nous sommes lassez.

---

(1) Voyez ci-dessus, au Catalogue des éditions de Jannequin, le n° 7.

De la musique, nous ne pouvons rien dire, n'en connaissant que la seule voix de superius.

Le même étonnement que Kastner avait manifesté à l'égard de l'absence de mérite poétique dans les paroles de la *Bataille de Marignan*, a été exprimé relativement au texte d'une autre chanson de Jannequin, *les Cris de Paris*, par un écrivain qui, n'étant point musicien, n'a pas soupçonné l'intérêt de l'œuvre au point de vue de la notation des bruits de la rue, et de leur utilisation pour une œuvre d'art. C'est dans l'un des volumes de M. Alfred Franklin sur *la Vie privée d'autrefois*, que nous lisons ce jugement étrange à rencontrer sous la signature d'un érudit: « Je n'ai rien à dire de la musique, quatuor qui serait sans doute peu goûté aujourd'hui. Il est probable que Jannequin est aussi l'auteur des paroles, et s'il s'en montrait fier, il avait tort. Mais Jannequin était musicien, non poète, et il est clair que, d'un bout à l'autre de la pièce, la poésie est volontairement sacrifiée à la musique » (1).

Pas plus dans sa chanson des *Cris de Paris* que dans celle de *la Guerre*, Jannequin ne s'était inquiété, en effet, de la qualité littéraire du texte, et le procédé du « quolibet », de la chanson formée d'un mélange de paroles sans suite, qui avait donné tant d'animation à sa peinture de *la Guerre*, était devenu très naturellement la base d'une composition destinée à décrire la confusion bruyante des cris populaires. Il n'y avait même, pour y atteindre, aucune autre route à suivre. Qu'il connût ou non l'œuvre analogue de Nicola Zacharias, écrite cent et quelques années auparavant, Jannequin ne pouvait qu'en reprendre la méthode, en l'adaptant à sa manière propre, et aux progrès qu'un siècle avait apportés dans l'art de la composition: et c'est des mêmes procédés que Mr Gustave Charpentier a de nouveau fait surgir, dans un tableau célèbre et charmant de son opéra *Louise*, des effets entièrement modernes.

La part des rapprochements et des mélanges comiques, dans un

---

(1) A. Franklin, *La Vie privée d'autrefois: l'Annonce et la réclame, les cris de Paris*, 1887, in-12°, p. 210. — L'auteur est mal renseigné sur la date de la première édition de l'œuvre de Jannequin, qu'il place à 1550, au lieu de 1529.

sujet de cette nature, n'était pas pour en éloigner Jannequin, qui cherchait volontiers dans le rire, et dans le rire rabelaisien, un élément de succès. Il n'alla nulle part, dans cette direction, plus loin que dans *le Caquet des femmes*, où son inclination au réalisme et sa verve caustique se donnèrent carrière en dépeignant le bavardage d'une assemblée de commères. Le caractère licencieux du texte rend impossible aujourd'hui l'exécution de cette pièce.

Ce caractère, qui était commun alors aux chansons de beaucoup de compositeurs, mais que celles de Jannequin portent volontiers à l'extrême, se retrouve dans son « Chant de l'alouette », qui n'est pas seulement un morceau descriptif, avec imitations du gazouillement des oiseaux, mais en même temps et principalement une chanson amoureuse, une âpre satire du « faux jaloux », dont se moquaient à l'envi les conteurs du moyen âge. Jannequin avait précisément puisé les paroles de cette pièce dans le répertoire vocal du XVe siècle. S'il a laissé de côté la seconde partie de l'ancienne chanson, et s'il ne s'est point astreint à en adopter le sujet musical, du moins il s'est servi de plusieurs de ses formules mélodiques, de celles en particulier qui s'attachaient aux paroles imitatives et qui étaient passées avec elles dans le vocabulaire de la composition:

On ne reconnaît pas d'antécédents analogues pour le morceau de Jannequin intitulé *le Chant du rossignol,* dont les paroles furent remises en musique par Pierre Certon, et ne contiennent matière qu'à très peu d'imitations réalistes.

Celles-ci remplissent, au contraire, presque complètement *le Chant des oiseaux,* qui, de tous les poèmes consacrés par Jannequin à l'interprétation des spectacles de la nature, reste le plus célèbre et le plus intéressant.

Les questions de priorité, quand il y a similitude de sujets, de textes et de thèmes, sont presque impossibles à trancher pour la plupart des œuvres musicales du XVIe siècle. On est donc dans l'incertitude pour placer dans un ordre chronologique exact les deux compositions de Nicolas Gombert et de Clément Jannequin sur *le Chant des oiseaux*. A s'en tenir aux dates des éditions connues, l'œuvre du musicien français précéderait de dix-sept ans celle du maître de chapelle de Charles-Quint, puisque *le Chant des oiseaux*, de Jannequin, fut imprimé dès 1528 dans son livre de *Chansons* publié par Attaingnant, et de nouveau en 1537 dans la seconde édition mise en vente par le même libraire, tandis que le morceau de Gombert n'apparaît qu'en 1545, dans le *Dixième livre* de Tylman Susato (1). Mais rien ne prouve que d'autres recueils, ignorés aujourd'hui, n'ont pas auparavant contenu cette composition. Les deux artistes étaient absolument contemporains. A défaut de documents certains, des raisons inhérentes aux chansons elles-mêmes, des raisons « intérieures », feraient, jusqu'à nouvel ordre, attribuer vraisemblablement à Gombert l'honneur de l'initiative: car son *Chant des oiseaux* est à trois voix, celui de Jannequin à quatre, et les deux pièces se présentent par conséquent, vis à vis l'une de l'autre, dans un rapport de surenchère pareil à celui qui s'observe souvent, à la même époque, entre les compositions de deux ou de plusieurs maîtres rivaux.

Admettons donc provisoirement qu'il en avait été ainsi, et que Jannequin se posait là en successeur de Gombert. Il se sert du même texte, des mêmes idées musicales. Par l'emploi d'une voix de plus, il donne une impression d'achèvement qui ne résulte pas d'un simple remplissage harmonique, mais d'un équilibre différent donné à toutes les parties; en même temps, par des inflexions nouvelles imposées

---

(1) Voyez au chapitre précédent le catalogue des éditions de Jannequin. Le *Chant des oiseaux* de Gombert a été publié en partition par Commer dans sa *Collectio operum musicorum batavorum*, tome XII. Des fragments en ont été cités par Reissmann, *Geschichte der Musik*, tome I, p. 267, et par Schneider, *Das musikalische Lied*, t. II, p. 404. Pour le *Chant des oiseaux* de Jannequin, on se reportera aux éditions de M. Henry Expert, seules conformes à l'original.

aux mêmes motifs, il se les approprie et leur communique son humeur particulière, sa gaieté légère et hardie; il les découpe et les enchevêtre en mélanges piquants, en images changeantes, propres à divertir autant qu'à charmer.

Le thème initial de toute la chanson, qui produit un si gracieux effet en se reproduisant pour conclure, s'inspirait, chez Jannequin comme chez Gombert, des premières mesures d'une pièce anonyme du XVe siècle (1):

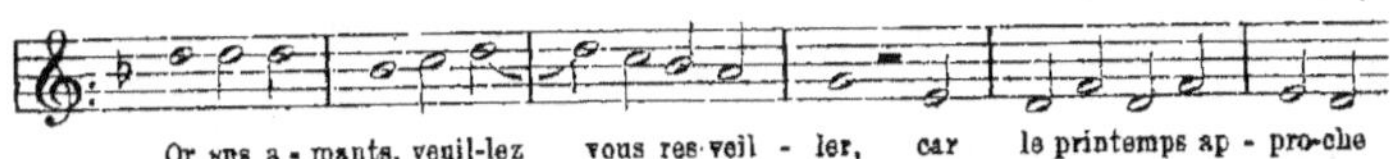

On sentira l'influence de ce thème dans le début du *Chant des oiseaux* de Gombert:

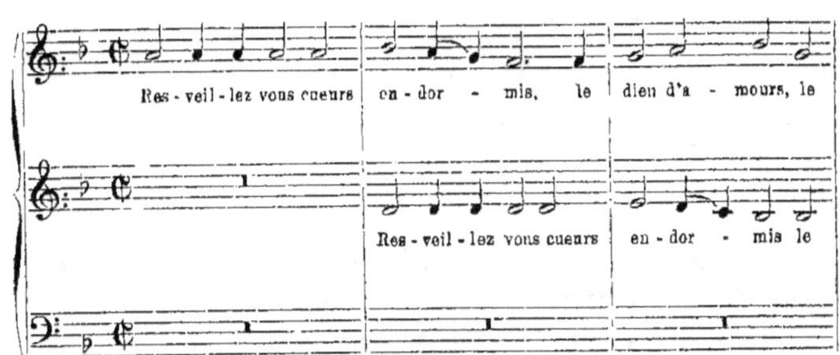

---

(1) Bibl. Nationale de Paris, ms. fr. n. a. 6771, fol. 91 v°.

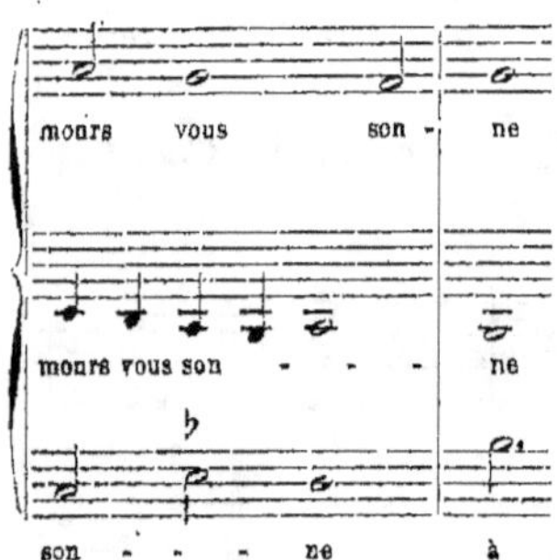

et les quelques mesures par lesquelles commence le morceau de Jannequin feront immédiatement apercevoir la dissemblance du traitement mélodique chez les deux maîtres:

Une comparaison suivie montrerait les deux musiciens soutenant
jusqu'au bout cette démarche opposée: Gombert, attaché davantage
aux développements de la mélodie, et s'appesantissant volontiers sur
des formules ornées et arrondies, Jannequin demeurant fidèle à son
humeur joyeuse, à son penchant tout français en faveur de la clarté
et des effets précis, rapides, animés, qui donnent l'impression de la vie.
Selon que sa composition reçoit de la part des chanteurs une interprétation délicate et fondue, — la perfection, en ce genre, a été
atteinte par le quatuor Expert, — ou qu'au contraire on l'exécute
avec une accentuation mordante et des sonorités moins discrètes, la
signification peut en paraître foncièrement différente: ou bien c'est
un coin délicieux de paysage musical, ou bien l'impertinente, voire
grossière fantaisie d'un contemporain de *Pantagruel* et de l'*Hepta-
méron*. Ce qu'on est accoutumé à rencontrer chez Jannequin et chez
la plupart des compositeurs profanes de la Renaissance, peu enclins
aux badinages innocents, rend, il faut bien l'avouer, la seconde explication plus vraisemblable que la première. Assis, comme trois siècles
plus tard Beethoven, au bord d'un ruisseau, Jannequin écoute aussi
se répondre le loriot, la caille et le coucou; mais il comprend autrement leur langage; ensemble, il les entend claironner des fanfares,
s'inviter à « rire et gaudir », appeler par leurs noms leurs maîtresses,
Guillemette, Colinette; quelques-uns tirent vers le cabaret, en pro-
nonçant: « il est temps d'aller boire! » Le sansonnet,

Le petit sansonnet de Paris,
Sage, courtois et bien appris,

met les cloches en branle: « din, dan, din, dan », et crie: « Sus,
madame, à la messe ! ». Chacun rit, fredonne, gazouille, jargonne
d'impayables discours, faits de notes douces ou aigües, de rythmes
précipités, de syllabes frappées et refrappées avec volubilité; contre
le coucou, l'oiseau traître, qui ne construit pas de nid, toute la gent
aîlée s'allie; on le honnit, on le bat, on le chasse, et, une fois l'intrus
expulsé, tout s'achève paisiblement par le retour des premiers vers
et du premier thème:

Reveillez vous, cœurs endormis,
Le dieu d'amours vous sonne.

Au lieu d'altérer le texte littéraire et musical du chant des oiseaux
pour en faire disparaître, par des substitutions de noms et des coupures,
les allusions équivoques (1), on peut tenter d'en interpréter autrement
le sens, et d'y voir simplement un joyeux tableau de la nature au
printemps, une amusante transposition des concerts du petit peuple
des oiseaux, un écho des « murmures de la forêt », où ne paraissent
ni les mythes et les symboles d'un poème légendaire, ni les mots
à double entente d'une satire grivoise. Lire ou entendre dans cette
acception *le Chant des oiseaux* serait le moderniser, puisqu'on assure
qu'à l'époque de la Renaissance, le « sentiment de la nature »
n'existait pas, tel du moins que nous l'entendons; — affirmation
discutable, et contre laquelle la musique du XVIe siècle apporterait
autant d'arguments et de documents que la littérature; — ce ne
serait en tous cas ni le méconnaître, ni le déformer.

Nous ne saurions cependant poursuivre ici un examen détaillé de
la chanson de Jannequin, que la double édition de Mr Henry Expert
rend heureusement accessible, sous sa forme authentique, à tous les
musiciens. Nous préférons engager le lecteur à s'y reporter et lui

---

(1) Dans l'édition du prince de La Moskowa, le coucou a été transformé
en hibou, ce qui constitue un non-sens absolu, au point de vue de l'observation de la nature et des mœurs des oiseaux: et ce changement dans le
texte a entraîné la suppression du passage construit sur les harmonieuses
réponses que fournissait le chant du même oiseau.

suggérer seulement, au point de vue spécialement imitatif, quelques rapprochements entre cette pièce et d'autres du même temps, dans lesquelles apparaissent épisodiquement des effets puisés aux mêmes sources. Le plus simple de tous les chants d'oiseaux, le plus aisé à noter fidèlement, à enchâsser dans des combinaisons harmoniques, le chant du coucou, dont nous avons signalé l'emploi dans plusieurs chansons anciennes, joue musicalement et littérairement un rôle important dans le chant populaire et artistique du XVI⁰ siècle. Nous n'avons à relever ici que les cas où des musiciens de diverses nationalités se plaisent à le disposer en réponses entre toutes les voix, pour en tirer des effets appropriés à l'intention purement musicale, ou descriptive, ou comique, de leur composition.

Le *Cancionero*, publié par M. Barbieri, nous offre une double notation de ce chant, dans deux chansons espagnoles écrites sur le même texte, l'une, par Juan del Encina, avant 1496, et la seconde, par un anonyme, vers la même époque. Le fragment de Juan del Encina se présente sous cette forme (1):

Parmi les lieder allemands du recueil de Schmeltzel, imprimé à Nuremberg en 1544 (2), le neuvième tout entier roule sur les aventures du coucou et contient vers la fin ce passage:

----

(1) F. A. BARBIERI, *Cancionero musical de los siglos XV y XVI*. Madrid, s. d., in-4°, p. 26.

(2) Ce recueil a été cité précédemment à propos de la *Battaglia taliana*, de Matthias Hermann. Le morceau sur le coucou a été publié en partition par EITNER, dans son volume *Das deutsche Lied des XV. und XVI. Jahrhunderts*, I. Bd. Berlin, 1876, in-8°, p. 59 et suiv.

M. BRENET.   6

Ich ar - mer guck- guck wo sol ich aus? Wil
Ich ar - mer, etc.
Ich ar - mer, etc.
Ich ar - mer, etc.

flie - gen auf die zin - nen, wil he - ben an zu sin - gen: guck, guck, guck,

guck, g. g. g. g. g. g. mit frei - - en Mut.

Dans le second livre des lieder recueillis par Forster figure une pièce à six voix de Lemlin, dont chaque couplet, chanté à quatre parties, est accompagné de la répétition « obstinée » du chant du coucou, par deux soprani (1) :

(1) Le texte et la musique de cette pièce ont été donnés en partition par C. F. BECKER dans son livre : *Die Hausmusik in Deutschland*, p. 79, et par EITNER, dans sa réédition du second livre du recueil de Forster, formant le tome XXIX des *Publicationen älterer Musikwerke, hrsg. von der Gesellschaft für Musikforschung* (p. 46). — F. Böhme a reproduit le ténor seul du morceau de Lemlin, avec plusieurs autres lieder sur le chant du coucou, dans son *Altdeutsches Liederbuch*, p. 259 et suiv. — En dehors de ces morceaux et des très nombreuses pièces vocales et instrumentales où, jusqu'à nos jours, les compositeurs allemands se sont plu à introduire les mêmes formules imitatives, une preuve toute particulière de la constante popularité du chant du coucou dans les pays germaniques peut être cherchée dans la fabrication traditionnelle de ces horloges bien connues de la Forêt Noire et de la Suisse allemande, où la sonnerie des heures est remplacée par l'imitation du chant du même oiseau.

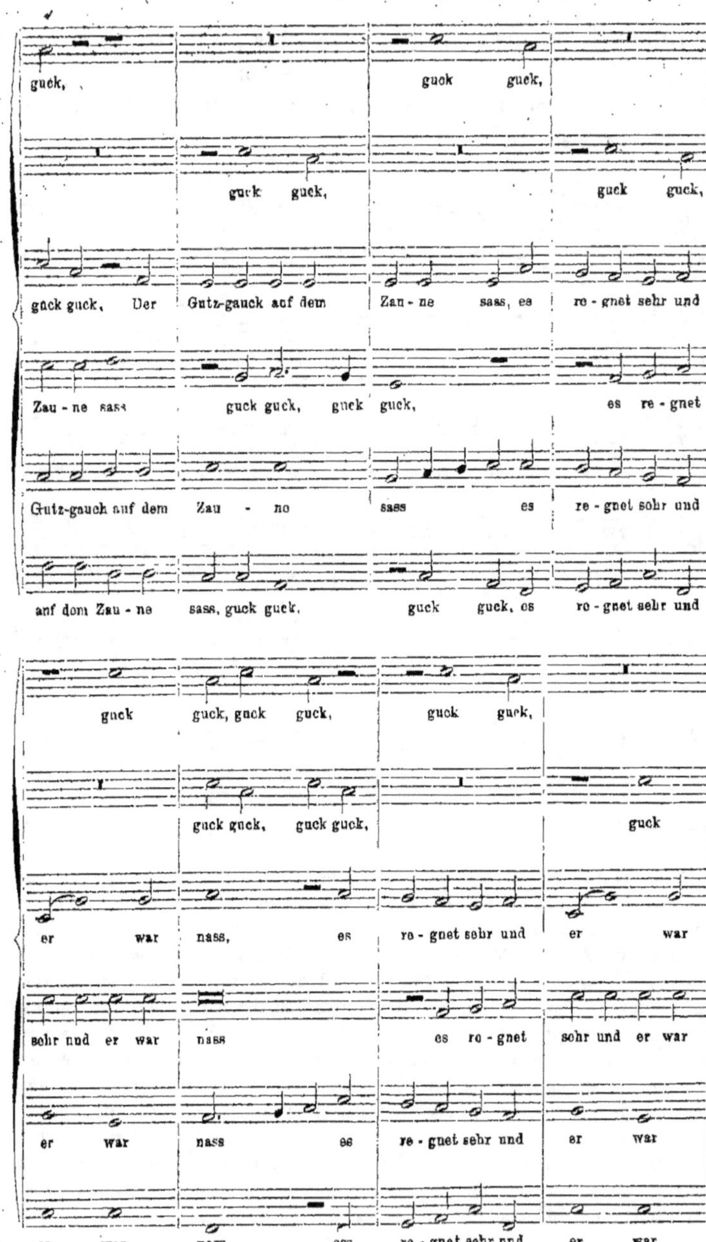
guck,
guck guck,
guck guck,
guck guck,
guck guck, Der Gutz-gauck auf dem Zau - ne sass, es re - gnet sehr und
Zau - ne sass guck guck, guck guck, es re - gnet
Gutz-gauch auf dem Zau - ne sass es re - gnet sehr und
auf dem Zau - ne sass, guck guck, guck guck, es re - gnet sehr und
guck guck, guck guck, guck guck,
guck guck, guck guck, guck
er war nass, es re - gnet sehr und er war
sehr und er war nass es re - gnet sehr und er war
er war nass es re - gnet sehr und er war
er war nass ess re - gnet sehr und er war

D'après la date de leur publication, ces deux lieder seraient pos-térieurs au *Chant des oiseaux* de Jannequin, dans lequel un long et joli épisode est uniquement formé par l'imitation du chant du coucou; cette imitation, adroitement combinée en vue de l'effet pit-toresque, se développe en progressant de vitesse et, sans doute, de sonorité, depuis ce début très doux, et comme lointain:

jusqu'à un enchevêtrement de réponses rapides, où, pour ne citer qu'une voix, le ténor chante:

Autre chose était de s'attaquer aux mélodies du rossignol, et précisément parce qu'ils en raffolaient, les musiciens du XVI° siècle ne se hasardèrent point à vouloir les copier exactement. Le naturaliste Pierre Belon, qui employait pour les décrire force comparaisons et locutions musicales, concluait à l'impossibilité où se trouvait l'observateur le plus diligent et l'artiste le plus habile, de le « contrefaire en chantant ». Encore qu'un extrait de ce livre puisse paraître à plus d'un lecteur une digression inutile, pour d'autres, qui peut-être aimeront la comparer aux fragments de poésies reproduits dans notre premier chapitre, nous emprunterons au créateur de l'ornithologie française une charmante page où s'exprime la parfaite habitude qu'avaient alors du langage musical les hommes de science, et tout l'enthousiasme, ou, comme on devait dire plus tard, la « sensibilité » dont ils étaient pénétrés en présence des beautés de la nature:

« Nous n'avons », dit Belon, « cognoissance d'aucun oyseau qui soit de la nature d'un rossignol, c'est à sçavoir, qui chante incessamment toute la nuict sans dormir: car lorsque les forêts et les taillis se couvrent de feuilles, il est long temps sans cesser de chanter iour et nuict. Mais pourroit-il estre homme tant privé de iugement, qui ne prenne admiration d'ouïr telle melodie sortant de la gorge d'un si petit corps d'oyseau sauvage? Et sçachant que d'une voix si haultaine issue d'un si petit tuyau de si resonnante musicque, toute industrie humaine n'en sçauroit approcher. Mais oultre cela, le meilleur du rossignol est qu'il persevere si pertinemment en son chant, que sans se lasser et laisser son entreprinse, plus tost la vie lui defauldra, que la voix. A t il point eu de maistre, qui luy a enseigné la science de musicque si parfaicte? Non: et toutesfois ne fault iamais à bien accentuer les syllabes, et mieux observer tous les tons, et les conduire d'une mesme haleinée si parfaicte, qu'il n'y a celuy qui ne desire l'entendre. Encor redirons nous qu'il ne fault point à bien observer les tons, et les conduire d'une mesme haleinée, les uns en longueur, et aspirer les autres: tantost varier le dessus, quasi le jectant en fusée, tantost courber les notes entieres, et soudain les mener par feinctes, et puis les distinguer, et decouper par pieces, comme en minimes crochues: tantost les assembler, puis les demeurer comme leur baillant des entrelassures: et de là les allongeant, soudain il les delaisse, et puis les reprenant, il obscurcit sa voix au despourveu, quasi comme en tremblant: tantost apres murmurant en soy-mesme, ne chante que le plain-chant, l'une fois si pesant, qu'il semble prononcer les notes par semi-brèves: tantost il les deprime, menant sa voix en bas ton, et de prin sault, il fait l'accent agu comme chantant en faulcet; l'autre fois frequente les tons, l'autre fois les estend, et là où il luy plaist, les darde haultains, moyens, ou bas: tantost il contrefait son chant muant sa voix en diverses façons: voulant quasi qu'on pense que c'est d'un autre oyseau. Et puis se remonstrant, chante quelque peu en vers de rythme: tantost se met à poursuyvre en prose. Quel instrument, qu'ayent pu fabriquer les hommes? Quelle harpe, lut ou espinette, pourra l'on mettre en comparaison de son chant? Jà maintes fois a donné plaisir beaucoup de matinees au lever de celuy qui a expressément dormy entre les arbrisseaux feuilluz, pour observer sa plaisante voix harmonieuse, pour en estre tesmoin. Par quoy il fault nous accorder, qu'il surpasse l'artifice humain en ceste science ..... » (1).

Les musiciens du XVIe siècle étaient au fond du même avis que Belon, et savaient que le chant du rossignol, dont l'irrégularité même fait l'un des charmes, ne se peut pas « contrefaire » exactement par la voix. Ils laissaient cette entreprise aux futurs compositeurs d'o-

---

(1) *L'histoire de la nature des oyseaux, avec leurs descriptions et naïfs portraictz retirez du naturel, escrite en sept livres*, par PIERRE BELON, du Mans. Paris, 1555, in-4°, p. 336. Un autre joli passage du même livre, p. 221, concerne le chant de la rousserole, ou rossignol de rivière: " Il n'est homme, s'il n'est du tout lourdault, qui infailliblement n'en soit rendu triste ou joyeux... Tout homme qui oyrra un chant si haultain proceder du sifflet de si petite corpulence d'oysillon, sera de gros esprit et lourd, s'il n'y repense deux fois: entendu que d'une mesme haleinée il maintient sa voix, tantost si haulte, qu'il n'est dessus d'instrument d'ivoyre qui y puisse monter: tantost si basse, qu'il n'est dessous d'un pot cassé qui puisse descendre si bas... ,,.

péras, aux futures « cantatrices légères », et quand le texte de leurs
chansons invoquait le souvenir des mélodies de l'oiseau-chanteur
par excellence, ils se bornaient à tracer de petits dessins conventionnels. Sous le titre de « Chant du rossignol », Jannequin et Certon
mettaient l'un après l'autre en musique cette strophe:

> En escoutant le chant melodieux
> De ces plaisans Rossignols tant joyeux
> Qui vont disant: ainsi, ainsi, ainsi,
> L'un d'eux me dit: passez, passez par cy,
> Et vous orrez qui chantera le mieux.
> Tôt, tôt, tôt, veuillez estre songneux
> D'amour servir loyaument en tous lieux.
> Luy requerant: mercy, mercy, mercy,
> Fuyez, fuyez, gens melancolieux,
> Passez le tems en liesse et en jeux
> Et de soucy dittes: fi, fi.
> Revenez cy mardy, mardy, mardy,
> Et vous orrez qui chantera le mieux.

Sans aucunement insister sur la part faite dans ce texte aux syllabes imitatives, Certon les traduisait très brièvement:

Les vers de la chanson « le rossignol plaisant », mis en musique
par Nicolas Millot et par Jean de Castro, ne contenaient pas même
ce minimum d'imitations pittoresques; c'était une poésie amoureuse,
dans laquelle étaient comparés l'oiseau, qui préfère sa liberté au
bien-être d'une cage, et le cœur qui demeure volontairement captif.

Il en était de même d'un grand nombre de morceaux où le « gentil
rossignolet », le « rossignolet du bois », joue simplement le rôle de
confident ou celui de messager d'amour.

Admiré, réimprimé, chanté, transcrit, pendant de longues années après sa première publication et après la mort de son auteur (1), le *Chant des oiseaux* de Jannequin ne fut pas imité comme l'avait été sa chanson de *la Guerre*, et l'on ne peut guère citer qu'un concert d'oiseaux de Roland de Lassus, inséré dans ses *Mélanges* (2), et des fragments épisodiques, ou des motifs individuels, tels que nous venons d'en mentionner quelques-uns, relatifs au coucou. Dans un autre ordre d'idées, les musiciens ne se faisaient pas faute d'exploiter isolément le chant ou le cri de divers animaux, pour en tirer des effets comiques.

C'est ainsi que Passereau se servait du gloussement de la poule, dans la piquante et charmante chanson « Il est bon, bon, bon, commère » (3); que Certon faisait retentir le chant du coq dans sa pièce sur le laboureur (4):

---

(1) Encore en 1578, Guy Le Fèvre de la Boderie, dans son poème de *la Galliade*, n'omet pas de louer la " subtilité „ de Jannequin, et son talent à reproduire " les tons de la guerre, et le doux chant naïf des oiseaux desgoisans „. — Nous avons dit plus haut que *le Chant des oiseaux* avait été, comme *la Guerre*, transcrit pour le luth.

(2) C'est le n° 91 du recueil.

(3) Publiée en partition moderne par M. Henry Expert dans son *Anthologie*, sans numéro.

(4) Publiée en partition moderne par Eitner dans son recueil de *60 chansons françaises*, n° 14.

Les musiciens allemands, sous l'influence des poésies populaires si fréquemment inspirées par les spectacles sylvestres, recouraient volontiers à des mélanges semblables. Ils les traitaient avec une gaieté un peu pesante, dont leurs chansons de la Saint-Martin offrent de curieux exemples. L'oie, qui fait le fonds des repas consommés à l'occasion de cette fête, est glorifiée dans les lieder qui s'y rattachent. Tantôt ce sont des sous-entendus moqueurs: « Hoho! lieber Hans, versorg dein Gans, lass sie kein Hunger leiden », etc. (1); tantôt il est question de l'oie grasse, que possède un meunier, et les quatre voix, en une série de points d'orgue formant de lents et lourds accords, appuient comiquement sur cette idée de plantureux embonpoint; tantôt, en un quolibet mêlé d'allemand et de latin, l'éloge de l'oie rôtie s'intercale parmi les jubilations en l'honneur de Saint Martin; tantôt, enfin, une chanson tout entière vante la volaille favorite, avec une burlesque imitation de son cri:

> Den besten Vogel, den ich weiss,
> Das ist ein Gans.
> Sie hat zwei breite Füss,
> Darzu ein langen Hals;

---

(1) " Hoho! cher Hans, soigne ton oie, ne la laisse pas avoir faim „, etc. Pour ce texte et pour les suivants, voyez Böhme, *Altdeutsches Liederbuch*, p. 423 et suiv., Eitner, *Das deutsche Lied*, p. 105 et suiv., et les réimpressions des recueils de J. Ott et de Forster, dans les *Publikationen älterer Musikwerke*, etc., tomes I à III et tome XXIX.

Ir Füss sein gel,
Ir Stimm ist hell,
Sie ist nit schnell;
Das best Gesang, das sie kan,
   Da, da, da,
Das ist gik, gak, gik, gak,
   Da, da, da,
Singen wir zu Sant Marteinstag! (1).

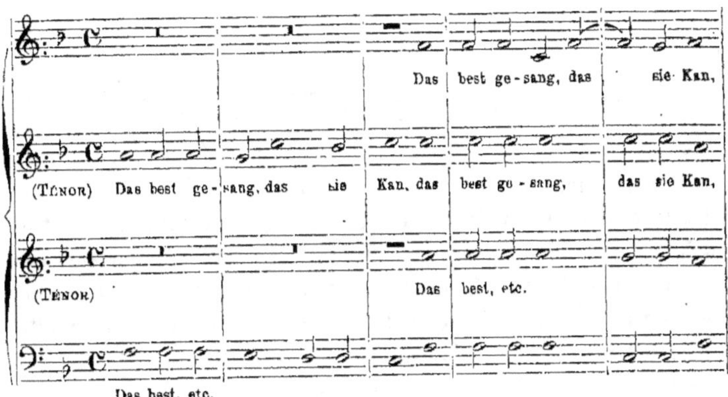

(1) " Le meilleur oiseau, que je sache, c'est l'oie. Elle a deux larges
pieds, par là-dessus un long cou; ses pieds sont jaunes, sa voix est
claire, elle n'est pas agile, le meilleur chant dont elle soit capable, da, da,
da, c'est: gik, gak, gik, gak, da, da, da. Chantons, pour le jour de la Saint-
Martin! „ — Recueil de Forster, édition Eitner, p. 12.

Parmi les musiciens italiens, Giov. Croce, à la fin du XVIe siècle, est cité comme ayant interprété en un sens caricatural le chant du rossignol et celui du coucou, dans les « caprices » à plusieurs voix de son recueil intitulé *Triacca musicale*, qui contient également une pièce imitative du babil des enfants se rendant à l'école, et un autre sur le jeu de l'oie (1). C'est vers la même époque que Leon Leoni faisait paraître, dans son second livre de madrigaux à cinq voix, une longue « Canzone del Rosignuolo », divisée en six parties successives, et contenant des passages descriptifs (2). Mais les madrigalistes n'avaient pas attendu les dernières années du siècle pour introduire dans leurs œuvres des effets de ce genre, et quand, en 1581, Vincenzo Gabrieli se plaignait de l'engouement manifesté pour les détails de peinture musicale (3), ses reproches s'adressaient aussi bien aux œuvres de la génération précédente qu'à celles de ses contemporains.

L'innombrable répertoire du madrigal italien est en effet rempli de recherches semblables, entre lesquelles beaucoup ont trait aux bruits extérieurs, au vol des oiseaux, au souffle du vent, au murmure des ruisseaux, à la chute des corps, à la démarche des êtres animés,

---

(1) Pour les titres des trois éditions de cet ouvrage, publiées en 1595, 1596 et 1607, voyez Vogel, *Bibliothek*, t. 1, p. 194.

(2) D'après Vogel, ouvr. cité, t. I, p. 366, on ne connaîtrait pas aujourd'hui d'exemplaire complet de ce second livre.

(3) *Dialogo di Vincentio Galilei..... della musica antica et della moderna.* Florence, 1581, p. 89.

aussi bien qu'aux accents de la voix humaine. Une étude minutieuse de ces procédés, que nous avons vus en germe chez les contrapuntistes de l'ancienne école de Florence, fournirait les éléments d'un curieux lexique de la composition vocale descriptive (1). Comme ceux que l'on forme d'extraits poétiques, un tel vocabulaire contiendrait une foule de locutions stéréotypées, de « lieux communs » presque machinalement transmis d'un musicien à l'autre. Il renfermerait aussi bon nombre de jolies et ingénieuses pensées, et montrerait, pour ainsi dire, à l'envers du tissu le travail accompli par les madrigalistes pour donner à leurs tableaux la couleur voulue.

De ces tableaux, les plus séduisants et les plus poétiquement expressifs n'étaient pas toujours ceux où le réalisme de la composition se trouvait porté le plus loin. Lorsque Luca Marenzio, sur deux stances de Pétrarque, dessine un paysage musical, il n'a nul recours apparent aux formules imitatives; de l'ensemble vaporeux de sa polyphonie ressort l'impression, plutôt que la description, d'une matinée printanière. *Zeffiro torna* ..., dit le poète; le souffle caressant des zéphyrs passe sur la verdure; l'hirondelle gazouille, et le rossignol soupire sa plainte mélodieuse; Jupiter se réjouit à la vue du monde renouvelé, et tous les êtres vivants se réconcilient dans l'amour. A la fraîcheur, à la grâce des vers, correspondent le charme des dessins mélodiques, la transparence heureuse des harmonies. Bientôt, comme en une peinture de Poussin, où les bergers découvrent une tombe au milieu de la campagne fleurie, le musicien, complétant le poète, oppose à la riante volupté de la nature, la mélancolie d'une âme triste jusqu'à la mort, pour laquelle le chant des oiseaux, le feuillage des bois, la beauté des créatures, demeurent pareilles à un désert

---

(1) On réunirait déjà beaucoup d'exemples en étudiant le recueil de madrigaux de plusieurs compositeurs intitulé *Il lauro verde*, publié à Florence en 1583, et dont la bibliothèque Sainte-Geneviève, à Paris, possède un exemplaire complet de l'édition de 1591, — et celui, plus considérable encore, qui a pour titre *Nervi d'Orfeo*, imprimé à Leyde en 1605, et dont un exemplaire complet existe à la Bibliothèque Nationale de Paris. Pour les titres de ces recueils et la table des morceaux qu'ils renferment, voyez Vogel, *Bibliothek*, tome II, p. 433 et 491.

affreux (1). C'était un sens nouveau donné à la musique descriptive :
l'homme y reconquérait le premier plan, et les phénomènes extérieurs
ne conservaient d'importance qu'autant qu'ils éveillaient en lui d'é-
motions.

Ce que la critique actuelle a pu dire des poètes les plus modernes
du XIXe siècle s'appliquait à l'esprit du madrigal musical au XVIe :
« La vie de l'âme se mêle à la vie de la nature. Il n'est plus possible aux poètes de les séparer. Ils ne décrivent plus les paysages
indépendamment des hommes qui s'y meuvent. Ils ne sont sensibles
qu'aux modifications des états d'âme par les paysages, à la manière
dont nous voyons les paysages selon les états de notre âme (2) ».

Le génial représentant de cette tendance dans la musique française de la fin du XVIe siècle fut Claude Le Jeune, compositeur de
la cour sous Henri IV, né à Valenciennes, mort à Paris en 1600,
surnommé emphatiquement « le Phénix des musiciens » et dont les
« Mélanges » et le « Printemps », sans parler même ici de ses
psaumes, justifiaient les éloges de ses contemporains par des trésors
d'invention, d'élégance, de grâce, récemment remis en lumière par
M. Henry Expert (3).

Une des pièces contenues dans le *Printemps* doit être distinguée
entre toutes comme offrant le plus instructif point de comparaison au
point de vue de l'imitation pittoresque. C'est le *Chant de l'alouette*,

---

(1) Ce beau madrigal de Marenzio parut en 1587 dans son *Libro primo
de madrigali*. Nous en devons la connaissance à M. Henry Expert, qui l'a
fait exécuter à Paris en 1906. — Les mêmes stances de Pétrarque avaient
été mises en musique, avant Marenzio, par Filippo de Monte, Pietro Taglia,
Ippolito Chamatero, Lodovico Balbi, Orazio Faa, Girolamo Conversi, Al-
fonso Ferrabosco : retrouver, rapprocher et comparer toutes ces œuvres
serait une très intéressante étude.

(2) Nous empruntons ces lignes à un article de M. J. Ernest Charles sur
Albert Samain, publié dans la " Revue bleue ,, année 1905, t. I, p. 726.

(3) *Les Maîtres musiciens de la Renaissance française* : livraison 11, Do-
decacorde contenant douze pseaumes, etc., 1er fascicule ; — livraisons 12,
13 et 14, le Printemps ; — livr. 16, Mélanges, 1er fascicule ; — livr. 20
et 21, Pseaumes en vers mesurés, 1er et 2e fascicules. Un certain nombre de
pièces extraites des livraisons précédentes ont en outre été publiées par
M. Expert dans son *Anthologie*.

de Jannequin, augmenté par Le Jeune d'une cinquième voix (1), — un second ténor, — très légèrement retouché, quant aux paroles, et accru d'un intermède entièrement nouveau, une partie centrale « toute de Claude Le Jeune », dont le texte n'est autre que le célèbre quatrain de Du Bartas :

> La gentille alouette avec son tire lire
> Tire l'ire à l'iré, et tire lirant, tire
> Vers la voûte du ciel, puis son vol vers ce lieu
> Vire, et désire dire: adieu, adieu, adieu (2).

Ici, le compositeur n'essaie pas d'imiter simplement dans sa musique les joyeux petits cris de l'oiseau: il veut qu'à l'entendre se forme en nous une image mentale complète, une image à la fois visuelle et auditive, de l'alouette, de son vol, de sa voix, des champs qu'elle habite, du ciel vers lequel elle s'élève. Comme Jannequin, Le Jeune varie et assouplit les rythmes; plus que son modèle, il s'attache aux formes mélodiques, à la direction, à la grâce coulante ou à l'allure caractéristique des motifs; c'est déjà toute une peinture que la traduction musicale du premier hémistiche, et dans celle du second vers, l'entrelacement des réponses en dessins contraires, souples et légers, réalise à merveille l'idée d'une nuée d'oiseaux qui s'éparpille dans l'air.

Le Jeune trace de nouveau la même peinture, avec d'autres nuances, et autant de bonheur, dans la pièce en « vers mesurés » intitulée « la belle aronde », où il décrit, en faisant alterner les strophes à quatre voix et le refrain, ou « rechant » à six, l'arrivée de l'hirondelle. Ce n'est pas l'oiseau lui-même qui parle: c'est l'homme qui le salue, l'accueille comme « la messagère de la belle saison », qui le regarde fendre l'air, qui l'invite à nicher dans sa maison. « La velà, je la voy », s'écrient en se répondant les chanteurs: « je recognoy le dos

---

(1) On lira ce morceau dans la 12ᵉ livraison des *Maîtres musiciens de la Renaissance française*, p. 50, ou dans le fascicule spécial de l'*Anthologie* de M. EXPERT.

(2) Ce quatrain imitatif est extrait de " la Sepmaine „ de Du Bartas, Vᵉ jour, vv. 615-618.

noir, je l'y voy le ventre blanc qui l'y treluit au soleil. La velà, je la voy, elle vole mouchelètes, elle vole moucherons » (1).

Un grand pas s'accomplit ainsi dans la musique descriptive : la vie des animaux, la beauté de la nature, les phénomènes du monde physique ne sont plus copiés directement : la musique les reproduit d'après l'image qui s'en reflète dans le miroir de l'âme humaine.

Si cette étude trop longue, et cependant incomplète, était poussée au-delà du XVIe siècle, elle aurait à suivre, en changeant de terrain, et en passant du domaine de la polyphonie vocale dans celui de la musique instrumentale, le même processus dans le développement esthétique de la musique descriptive, qui, partie d'une conception purement réaliste, aboutit aux vastes horizons du symbolisme musical et du « poème symphonique ».

MICHEL BRENET.

---

(1) Nous ne détachons aucun passage de cette délicieuse petite composition, qu'il faut lire ou entendre toute entière. Nos lecteurs la trouveront à la p. 28 de la 12e livraison des *Maîtres musiciens de la Renaissance française*.

Volume VI (1899) | Volume VII (1900)

ARTE CONTEMPORANEA

NB. Sono in vendita le quattordici annate precedenti:
Quattordici grossi vol. in 8° L. 15 caduno.

MONALDI G. — VERDI 1839-1898, con autografo e
ritratto. In-12 L. 4